知っておきたい委任状
A TO Z

春風事務所 司法書士　藤田真弓 著
春風事務所 看板猫　　花沢花子 協力

委任状って
どう作るん
だろう？

そんなときの対処法や、
日常で役立つ知識を
たくさん
ご用意しています

頼んだ覚えの
無い事を
勝手にされたら
どうしよう？

春風事務所 看板猫
花沢花子

税務経理協会

はしがき

　委任状に署名や押印をしたことはあるけれど，それにどのような意味があるのかを考えたことはあるでしょうか。
　もし，頼んだ覚えのないことを勝手にされたらどうなるのでしょうか。

　本書では，委任状の訂正方法や住所の記載方法などの基本的なことから，委任とはそもそもどういうことなのか，代理人とは何か，さらに勝手に代理人と名乗られた場合や頼んだ覚えのないことを勝手に代理人がした場合に，どんなことになるのかなどの委任に関するトラブルまで，広くご紹介しています。

　また，自分で委任状をゼロから作成するのは大変ですので，誰かに委任する場合に役立つような委任状のひな形もたくさんご用意しています。
　戸籍や住民票，車の登録の委任状など，日常で使うことが多いと思われるものを中心にご用意していますが，委任状のひな形だけでなく，相続時に用意する必要がある戸籍についての説明や世帯主と戸籍の筆頭者の違いなどにも触れていますので，日常生活でのちょっとした疑問の解決にもお役に立てると思います。

　さらに，今後高齢化が一層進み，かつ無縁社会化が進んだときにニーズが高まりそうな，自分が死亡した後に葬儀や遺品整理を誰かに委任する場合の死後事務委任契約書についても，詳しく触れています。

　差し出された委任状に署名・押印するときや委任状を作成するときに，本書が役立てば幸いです。
　2013年4月

藤田　真弓

はしがき

PART 1　委任状のあらまし　　　　　　　　　　　　　　1
　1．なぜ人に頼む必要があるのか………………………………… 2
　2．委任契約ってなに？…………………………………………… 3
　3．代理人はいつまで代理するの？……………………………… 6
　4．代理ってなに？………………………………………………… 7
　5．こんな代理はできません……………………………………… 9
　6．委任契約と代理の関係………………………………………… 11
　7．「よろしくね」にも何種類かある…………………………… 12
　8．人に頼まず自分でやる手も…………………………………… 15
　9．委任されていない代理人もいる……………………………… 18

PART 2　委任状のひな形　　　　　　　　　　　　　　　39
　1．いろいろな委任状を見てみよう……………………………… 40
　2．葬儀の手配などを委任したい（死後の事務委任契約）…… 90

PART 3　委任状のHow to　　　　　　　　　　　　　101
　1．委任状についての素朴な疑問………………………………… 102
　2．委任状に記入してみよう……………………………………… 104

PART 4　委任状のあれこれ　　　　　　　　　　　　　115
　1．委任状のココに注意…………………………………………… 116
　2．ちょっと怖い委任状のお話…………………………………… 126

PART 5　困ったときの相談窓口　　　　　　　　　　　139
　1．トラブル時の相談窓口………………………………………… 140

Part 1
委任状のあらまし

なぜ人に委任するんだろう？

自分でやってもええやん

アシスタント
春風事務所看板猫
花沢花子

1．なぜ人に頼む必要があるのか

「ここに住所氏名を記入して，押印してください」
　言われるがままに，署名押印することが多い委任状ですが，そもそも，なぜ人に委任するのでしょうか。役所で戸籍謄本や住民票を家族以外の人に頼んで取ってきてもらうとき，株式の配当を名義人以外の人が受け取るとき，マンションの管理組合の総会に出席できないときなど，委任状を書く場面は案外あります。

　原則として，自分のことは自分でしかできません。戸籍謄本や住民票を取るのも，株式の配当を受け取るのも，総会に出席して議事に賛成や反対をするのも，本来は自分自身でしかできないことなのです。

基本、自分の事は自分でせなあかんねん
でも、他の人に頼みたい
そんなときも
　　あるやろ？

あーもう
舌疲れたわ〜

ただ，自分でしかできないとなると，ちょっと不便ですね。最近は，役所も土日にやっていたり，ＡＴＭのような機械で戸籍謄本等を取得できたりしますが，なかなか忙しくて取りに行けない，株式の配当も受け取る期限が迫っているのに郵便局がやっている時間に動けそうもない，管理組合の総会の日はゴルフが入っている，そんなときは自分ですることができません。

そこで，民法では，自分の代わりに「お願い，よろしくね」と他の人（代理人）に任せることができますよ，と規定してあるのです。

あたい、昼寝だけは
人に　任せないけどね〜

うふっ

２．委任契約ってなに？

では，誰かに自分を代理してもらうとします。その内容やお願いの形態には，実に様々なものがあります。これからこの本で主に取り上げるのは，契約などの法律行為をすることを他人に依頼する「**委任**」というものですが，委任契約とはどのような契約でしょうか？

> 民法第643条　委任は，当事者の一方が法律行為をすることを相手方に委託し，相手方がこれを承諾することによって，その効力を生ずる。

　花沢花子（以下「花子」といいます）が，ある一戸建てを購入したいけれど，表には出たくないので，友達の虎山寅吉（以下「寅吉」といいます）に手続きを代わってやってもらう場合を考えてみましょう。
　花子が，寅吉に売買契約を委任し，寅吉が引き受けること，これを委任契約といいます。花子を委任者，寅吉を受任者といいます。
　依頼を受けた寅吉は，花子の代わりに売買契約書などに**代理人**としてサインします。花子本人がサインしたわけではありませんが，代理人である寅吉がサインしたことで，花子本人が売買契約をしたのと同等の効果が生じるので，契約書どおりに売買代金を期日までに支払う義務と，それによって不動産を取得する権利が生じます。

　委任できる事項は，契約などの法律行為だけに限りません。

> （準委任）
> 民法第656条　この節の規定は，法律行為でない事務の委託について準用する。

　委任についての定めが，民法第656条で法律行為ではない事柄を委任する場合（これを準委任といいます）にも準用されているため，たとえば，契約前に買いたい一戸建ての下見をしてきてくれということも委任できます。違法なこと，公序良俗に違反するようなことでない限り，広く色々なことを他人に委任できるということです。
　弁護士，税理士，公認会計士，社会保険労務士，司法書士などの専門家に仕事を依頼する場合も，委任契約になります。専門家を利用する場合には，当然

費用が発生しますが，実は，民法の規定では，委任契約は報酬の支払いが要件ではなく，原則として無料です。ただし，報酬の支払いの約束をした場合は，有料となります。報酬に関する民法の規定をみてみましょう。

> （受任者の報酬）
> 民法第648条　受任者は，特約がなければ，委任者に対して報酬を請求することができない。
> 2　受任者は，報酬を受けるべき場合には，委任事務を履行した後でなければ，これを請求することができない。ただし，期間によって報酬を定めたときは，第624条第2項の規定を準用する。
> 3　委任が受任者の責めに帰することができない事由によって履行の中途で終了したときは，受任者は，既にした履行の割合に応じて報酬を請求することができる。

特約があれば報酬を請求できますが，仕事終了後に支払うのが原則となります。第624条第2項は，「期間によって定めた報酬は，その期間を経過した後に，請求することができる。」となっていますので，3か月でいくら，というように定めたときは，その3か月が過ぎたときに費用を支払えばいいわけです。

また，依頼された専門家のせいではなく，仕事が途中で終了した場合は，専門家から仕事の進行具合に応じた費用を請求される可能性があります。

> （受任者による費用の前払請求）
> 民法第649条　委任事務を処理するについて費用を要するときは，委任者は，受任者の請求により，その前払をしなければならない。

報酬は後払いが原則ですが，依頼されたことを行う際に必要な実費については，前払いを請求されることがあります。司法書士の仕事でよくあるのは，相続や売買により不動産の名義を変更する登記をする場合に，登録免許税という

国税が必要となりますが，10万円以上かかることも多いため，前払いをお願いしています。専門家に依頼する場合には，委任状で報酬や実費について，これらとは別の約束をしている場合はそちらが優先されますが，そのような約束がない場合は，民法で規定している上記のとおりとなります。

3．代理人はいつまで代理するの？

花子が寅吉に，自分の代わりにレオに不動産を売却する手続きを委任した場合には，寅吉はいつまで花子を代理できるでしょうか？ 不動産を売却する手続きが終了したときは，委任契約は終了します。寅吉がなかなか仕事をしてくれないので，委任契約を解除した場合，または花子と寅吉が互いの合意で委任契約を解除した場合も，委任契約は終了します。

その他，委任特有の終了事由としては，つぎのものがあります。

（委任の終了事由）
民法第653条　委任は，次に掲げる事由によって終了する。
　一　委任者又は受任者の死亡
　二　委任者又は受任者が破産手続開始の決定を受けたこと。
　三　受任者が後見開始の審判を受けたこと。

花子または寅吉のどちらかが死亡した場合には，委任関係は終了します。契約の趣旨によっては，委任者が死亡しても消滅しないと考える余地もあります。

たとえば，自分の死後の諸々の手続きを任せられる人がいない場合は，信頼できる人に，葬儀の手続きや身の回りの物の処分などの死後の事務をお願いする委任契約を結ぶこともあります。

また，どちらかについて借金が多く支払いができない状態であると認められ，破産手続きの開始決定がされたときも終了します。また，寅吉が判断能力が欠けているのが通常の状態であるとされ，後見開始の審判を受けたときも終了し

ます。
　委任は，当事者相互の信頼関係があってこそのため，このように定められています。

4．代理ってなに？

　花子がある一戸建てを購入する手続きを寅吉に委任した場合には，寅吉は花子の代理人になるとご説明しましたが，代理するというのは，どういうことでしょうか？

　そもそも代理人は，本人自身ではありませんので，代理人がした行為は代理人自身に帰属するのが原則です。
　代理制度は，実際に契約締結のための行動をした人（代理人，寅吉）と，契約の効果が帰属する人（本人，花子）が異なる場合に，例外的にその行為を有効にする法技術の一つです。
　自分が頼んだことをやってもらっているので，当たり前といえばそれまでなのですが，もし他の人がしたことが，むやみに自分にふりかかっても大変です。代理人を使うということはリスクもありますので，それについては後程ふれます。

　代理人がした行為が，本人がした行為とみなされる効果を生じさせるためには，一定の要件が必要となっています。

> （代理行為の要件及び効果）
> 民法第99条　代理人がその権限内において本人のためにすることを示してした意思表示は，本人に対して直接にその効力を生ずる。
> 2　前項の規定は，第三者が代理人に対してした意思表示について準用する。

代理人がした行為が，本人がした行為とみなされる効果を生じさせるためには，
　① 代理人に有効な代理権があること
　② 代理人がそれに基づいて依頼された範囲内で本人のためにすることを示して（「顕名」といいます）意思表示すること
の2つが揃っている必要があります。
　花子が，寅吉に不動産売買手続きを代わってやってもらう場合の①・②は，具体的にはつぎのようになります。

① 花子が寅吉にどこそこの一戸建てをいくら位で買う契約をしてきてくれと**委任**して，寅吉がそれを引き受けたこと（有効な委任契約の締結）
② そして，寅吉が，その内容どおりのマンションを，希望価格以内で花子のために購入する契約をしますと売主に意思表示することが必要です。具体的には，契約交渉の際，花子が買主であることを話し，「花沢花子代理人　虎山寅吉」と契約書にサインすることになります。

> 買主　東京都港区南麻布8丁目7番30号
> 　　　花沢花子
> 　　　神奈川県川崎市砂子1丁目2番地3
> 　　　花沢花子代理人　虎山寅吉　㊞

　寅吉のように**委任**されて代理人になった方を，任意代理人といいます。このタイプの代理人については，**委任状**で権限があるかどうかを確認する必要があります。

5．こんな代理はできません

大変便利な代理制度ですが，つぎの2つの場合には利用することができません。

> （自己契約及び双方代理）
> 民法第108条　同一の法律行為については，相手方の代理人となり，又は当事者双方の代理人となることはできない。ただし，債務の履行及び本人があらかじめ許諾した行為については，この限りでない。

　同一の法律行為については，相手方の代理人となること，これは花子が寅吉に，「寅吉が所有する不動産を購入する契約を代わりにしてください」とお願いすることはできませんよ，という意味です。自己契約の禁止といいます。もし許されるとすると，代理人の寅吉が自分の思いどおりに契約の条件を設定でき，花子の利益を害する恐れがあるので，禁止されています。

　当事者双方の代理人となることはできないというのは，花子が寅吉の不動産を購入するケースで，レオが，花子と寅吉両方の代理人となることはできません，という意味です。不動産の買主の花子はできるだけ安く有利な条件で買いたい，一方，売主の寅吉はできるだけ高く売りたい，という点で利害が対立しています。その利害の調整をレオが勝手にしてしまったら，たまりませんね。これを双方代理といいますが，花子，寅吉の利益を害する恐れがあるため，禁止されています。

　利害が対立する関係にある人の代理人に，「自分のことをお願いするなんてことしないよ」と思われるかもしれませんが，弁護士の少ない地域では，訴訟をされたけれど，原告が委任した弁護士がその地域唯一の弁護士で，他の弁護士を探すのに苦労した，という話も聞いたことがあります。

このように，自己契約，双方代理となるケースは禁止されていますが，例外があります。

例外①　債務の履行

「双方代理禁止というけれど，そういえばマイホームを購入したとき自分も売主も1人の司法書士に登記手続きを委任したな」と思われた方もいるかもしれません。これは，マイホームの売買という既に確定している法律行為を，登記手続きに反映するだけのことであり，それ自体によって新たに利害関係を生じさせるものではないため，認められています。

住宅ローンを完済して，抵当権の抹消登記を自分でする場合も，本来は金融機関と一緒に登記手続きをする必要がありますが，金融機関からの委任状が通常交付されますので，その受任者欄に自分の名前を記載して，抵当権抹消登記手続きをすることができます。形だけ見れば，自己契約にあたりますが，これについても同じ理由で認められています。

例外②　代理人の自己契約が，依頼した人の利益のみになる場合

花子が寅吉に贈与する契約について，寅吉の代理人に花子がなる場合などです。委任する寅吉の利益のみになるので，自己契約ですが有効とされています。

例外③　本人があらかじめ許諾している行為

この場合は，本人の意に反するような不測の損害が生じる恐れがないため，認められています。父が亡くなり，法定相続人である母と長男，長女の間でどのように相続するかについてもめた場合も，原則としては，母，長男，長女からの依頼を同じ弁護士が引き受けることはできません。ただし，母と長男の立場が同じで，長女と争いがあるときには，母と長男が長女との争いについての交渉を，同じ弁護士に依頼することができます。

6．委任契約と代理の関係

　委任契約と代理制度についてご説明しましたが，この２つがどのような関係になっているかを整理しておきましょう。
　委任契約とは，本人と代理人との内部関係を定めるものです。花子が寅吉に，自分の不動産をレオに売る手続きを依頼したときの，花子と寅吉の間の契約関係のことです。
　代理とは，代理人がしたことを本人がしたことと同様の効果を持たせるための外部的仕組みを定めた法制度です。

　つまり，寅吉と花子の間で花子所有の不動産売却手続きを委任する委任契約が成立し，

委任契約

そして，寅吉が花子の代理人として，花子の不動産についてレオとの間で売買契約を締結した場合に，その売買の効果が花子に直接帰属し，花子とレオの間で売買契約が成立したことになる仕組みのことを代理といいます。

代理

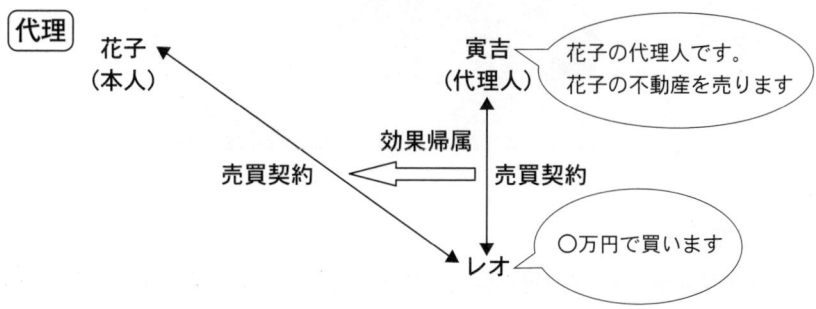

7．「よろしくね」にも何種類かある

他人に「お願い，よろしくね」とやってもらうケースは，委任以外にもありますので，いくつかご紹介します。

① 使　者

たとえば，花子が画廊で気に入った絵があって，後日，画廊主に「100万円で売ってください」という手紙を寅吉に届けてもらったとします。この場合の寅吉が，使者にあたります。手紙でなく，寅吉に画廊主への伝言を頼んだ場合も同じです。代理人とは違い，使者は単に手紙を渡したり，伝言を伝えたりするだけの存在です。

② 間接代理

典型例は問屋です。「問屋ハ他人ノ為メニ為シタル販売又ハ買入ニ因リ相手

方ニ対シテ自ラ権利ヲ得義務ヲ負フ」(商法第552条1項)。つまり,問屋は,人のために,自分の名前で商品を販売したり買い入れしたりします。問屋に「1万円でこれを売ってくれ」と委託された場合には,問屋は取引の相手先の人に「私とあなたの間で,これを1万円で売買しましょう」と交渉します。問屋と取引先との間の契約になるので,一度問屋に売買の効果が帰属するのが特徴です。

代理の場合は,代理人のしたことは,ダイレクトに,本人がしたことになります。間接代理の場合は,ワンクッションある,ということですね。ちなみに,一般的に卸売業の問屋さんと呼ばれている方は,自分で商品を仕入れ,それを売っているので,商法で規定している問屋とは違います。

③ 雇　用

「今日中にプレゼン資料をまとめておいてね」などのように,会社ほどよく人に頼みごとをする場面はないでしょう。働く人は,雇用主と,どんな仕事を,いくらの約束でいつまでするかという雇用契約をむすんでいます。雇用主の指揮命令のもと仕事をする点が,自由裁量の幅が広い委任とは大きく違います。

④　請　　負

　たとえば，建築会社に「マイホームを1,000万円で建ててね」とお願いするのが請負です。依頼を受けた建築会社は家を完成し，それと引き換えに報酬をもらいます。委任は，ある一定のことをすること自体に対して報酬が支払われますが，請負の場合は，仕事の結果に対して報酬が支払われる点が異なります。

　民法では，仕事の完成，つまり家を建てて引き渡すのと引換代金（報酬）を支払うことになっていますが，現実には当事者の特約で，前金という形で，報酬の一部が先に支払われ，家が完成したときに残代金を清算していることがほとんどです。建築会社も家の完成までお金をもらえないとなると，資材の調達などの点で不便もあります。適宜の前金でしたらよいのですが，家が完成する前に建築会社が倒産してしまい，建築会社の求めに応じて代金の大部分は支払い済みで，問題になった事件がありました。

なして、そないな事に？
民法どおり建物完成と引換に全額支払えたらえがったのに…

私的自治の原則と言って、当事者の合意で自由に契約内容を決められることになっているの。まさか倒産するとは思わないから、定形の契約書で契約しちゃうよね…。

⑤　寄　　託

　寄託は，「当事者の一方が相手方のために保管をすることを約してある物を

受け取ることによって，その効力を生ずる」（民法第657条）。つまり，Aさんが B さんのために，何かを預かることを約束してその何かを受け取る契約のことです。たとえば，買い物の間，猫を誰かに預かってもらう，そんなケースです。

　ただし，預かってもらう期間が長くなったり，ただ預かるだけではなく，ご飯の世話や病気になったときのケアなど，保管する以上の行為が必要となる場合は，委任となります。なお，銀行への預金も寄託にあたりますが，特約がない限り，銀行は預金を活用して，他の方に貸付する元手にしたりすることができますので，消費寄託と呼ばれています。

8．人に頼まず自分でやる手も

　人に頼んだ場合と，自分でやる場合，それぞれのメリット・デメリットはなんでしょう？　例として，友人に，貸した30万円を返してという訴訟を，自分でするケースを考えてみましょう。
○メリット
・タダ
・自分で裁判の経緯や交渉などすべて把握でき，自分で解決した実感が得られる
・友人と直に話すことで，わだかまりがほどけ金銭以外の解決をはかれるかもしれない
●デメリット
・訴状を書くことなど初めてのことが多く，裁判の進め方や解決方法が妥当なのかなどの不安も多い
・事前準備や裁判所に行く時間などが取られる
・相手方も代理人を立てていないときは，二度と会いたくない相手でも会わなくてはならない

自分でやればタダやけど…

ちょい不安かもな〜

では，弁護士や司法書士などの専門家に任せた場合はどうでしょうか。

○メリット
- 法的アドバイスをもらえて安心
- 妥当な選択肢を提案してもらえる
- 自分でやるよりは，時間がかからない
- 手続きを任せられるのでわずらわしさがない
- 相手と顔を合わせなくてもよい

●デメリット
- お金がかかる
- うまく専門家との意思疎通をはからないと，意図しない結果になることもある

Part 1　委任状のあらまし

お金はかかるけれど専門家任せで安心〜♪

状況報告、随時よろしく！

ぱかーん

　自分でする場合は，専門家に支払う報酬は不要ですが，訴状の書き方を調べたりする時間がかかります。自分の時給を考えると，餅は餅屋ではないですが，慣れている専門家に任せて，本来自分がすべきことをやったほうがいいかもしれません。そのほうが色々な不安から解放されて楽です。ただし，自分で解決したという実感は得にくいのと，リアルタイムでの推移はわからなくなります。これの対策としては，専門家と一緒に裁判所に行くという方法もあります。

　相手との金銭トラブルの根っこには，実は他の感情のもつれがあり，顔を合わせて冷静に裁判所で話すことで，金銭以外の解決方法が見つかる可能性もありますが，代理人ではそうはいかないかもしれません。逆に，代理人ならば，冷静な話し合いが期待できるという側面もあります。自分でする場合，または代理人にお願いする場合には，どちらもメリット・デメリットがありますので，それを踏まえたうえでどうするのか検討していただければと思います。

9．委任されていない代理人もいる

　ところで，代理人の中には，本人から委任されていない場合もあります。「代理人なんて，自分には無縁だな」と思われる方もいらっしゃるかもしれません。でも，誰でも子供のときは，代理人がついていたのです。

　ピンときた方も，多いのではないでしょうか。未成年の子の代理人は，原則として両親です。このように，委任なくして代理人がついている場合もあります。これを**法定代理人**といって，法律上当然に代理人となる場合と裁判所が選任する場合があります。

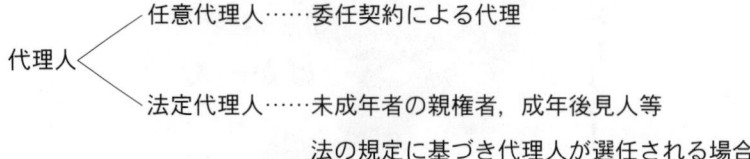

代理人 ┬ 任意代理人……委任契約による代理
　　　 └ 法定代理人……未成年者の親権者，成年後見人等
　　　　　　　　　　　　法の規定に基づき代理人が選任される場合

誰かに委任した覚えなんてないで？　えっ？

「私は〜の代理人です」と言われたとき，委任による代理人ならば，委任状を見せてもらえば権限が確認できます。

それでは，法定代理人の場合は，本当に相手にその権限があるのか，また，それはどんな権限なのか，何を見せてもらえば確認できるのか，を具体例と共にみていきましょう。

① 「私達はこの子の親です」

20歳未満の未成年者が，何か法律行為をするときには，原則として親権者たる父母の同意を得る必要があります。たとえば，携帯の契約をするにも親権者の同意が必要です。子が親権者の同意なくした契約は，親権者は取り消すことができます。親権者は，同意を与えるだけでなく，子に代理して契約をすることもできます。このように親権者は子の財産上・身分上の広い権限を持ちます。父母が婚姻中の親権は，どちらか一方が行方不明だったり，刑務所にいたりしない限り，共同の意思に基づいて行います。父母が離婚した場合には，どちらか一方が親権者となります。

親権者であることの証明は，親子関係がわかる戸籍謄本です。親権者がいない場合は，未成年後見人が選任されますので，その場合には未成年後見人名の記載がある未成年者の戸籍謄本が証明書となります。

② 「私は〜さんの補助人です」

判断能力が不足している方をサポートするものとして，成年後見制度というものがあります。どのくらいのサポートが必要かによって，補助，保佐，成年後見の3段階があり，それぞれ家庭裁判所が，補助人，保佐人，成年後見人を選任します。

補助は，一番軽いレベル，「ちょっと判断能力が衰えたかな，1人で重大なことをするのは不安だな」という方が利用するものです。補助人には，本人の希望に応じて，一定の行為に同意する権限，特定の行為についての代理権が与えられます。どのような権限を与えられているかは，法務局の発行する登記事

項証明書をよく読まないとわかりません。

　登記事項証明書には，補助される人（被補助人）とサポートする人（補助人）の氏名などの記載のほか，同意行為目録，代理行為目録がありますので，本当に権限があるのかは，目録を確認してください。

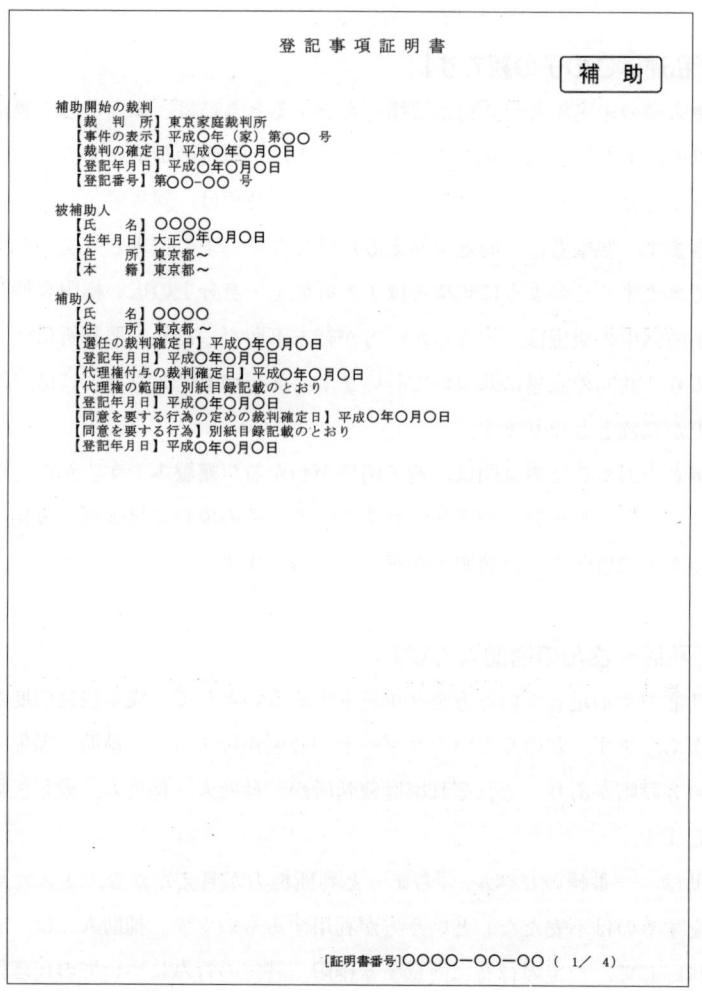

Part 1　委任状のあらまし

登記事項証明書（別紙目録）

同意行為目録

補　助

(別紙)
　　　　　　　同　意　行　為　目　録
1.　預貯金の払戻し
　　　　　　　　　　　　　　　　　　　以　上

＊同意行為目録または、代理行為目録のみのこともあります。

登記年月日　平成〇年〇月〇日

[証明書番号]〇〇〇〇－〇〇－〇〇　（ 2／ 4)

登記事項証明書（別紙目録）　　　　　　補　助

代理行為目録

（別紙）
　　　　　　　代　理　行　為　目　録

1. 他人の不動産に関する（借家）契約の締結・変更・解除
2. 預貯金に関する金融機関等との一切の取引（解約・新規口座の開設を含む。）
3. 定期的な収入の受領及びこれに関する諸手続（年金・障害手当金その他の社会保障給付）
4. 定期的な支出を要する費用の支払及びこれに関する諸手続（家賃・地代，公共料金）
5. 介護契約その他の福祉サービス契約の締結・変更・解除及び費用の支払
6. 要介護認定の申請及び認定に関する不服申立て
7. 福祉関係施設への入所に関する契約（有料老人ホームの入居契約等を含む。）の締結・変更・解除及び費用の支払
8. 医療契約及び病院への入院に関する契約の締結・変更・解除及び費用の支払
9. 税金の申告・納付
10. 以上の各事務の処理に必要な費用の支払
11. 以上の各事務に関連する一切の事項

　　　　　　　　　　　　　　　　　　　　　　　　　　以　上

登記年月日　平成〇年〇月〇日

［証明書番号］〇〇〇〇－〇〇－〇〇（ 3／ 4 ）

Part 1　委任状のあらまし

登記事項証明書　　　　　　　補　助

上記のとおり後見登記等ファイルに記録されていることを証明する。
　平成〇年〇月〇日
　　　東京法務局　登記官　〇〇〇〇　

［証明書番号］〇〇〇〇-〇〇-〇〇（ 4／ 4）

③ 「私は〜さんの保佐人です」

　保佐は，補助よりも少し重いレベル，判断能力がかなり不十分な方をサポートする制度です。イメージとしては，しっかりしているときよりも，どうかな，大丈夫かな，と心配なときが多いような方です。補助の場合とは異なり，借金をする，不動産の売却やリフォームをする，贈与をする，相続の放棄や遺産分割をするなど，民法第13条第1項で定められている重要な法律行為をする場合には，必ず保佐人の同意が必要となります。保佐人の同意を得ずにした本人の行為は，本人に不利益な場合には，後日，保佐人によって取り消される可能性もあります。

民法第13条第1項で定められている重要な法律行為（＝保佐人の同意が必ず必要な行為）

1　元本を領収し，又は利用すること。
2　借財又は保証をすること。
3　不動産その他重要な財産に関する権利の得喪を目的とする行為をすること。
4　訴訟行為をすること。
5　贈与，和解又は仲裁合意（仲裁法（平成15年法律第138号）第2条第1項 に規定する仲裁合意をいう。）をすること。
6　相続の承認若しくは放棄又は遺産の分割をすること。
7　贈与の申込みを拒絶し，遺贈を放棄し，負担付贈与の申込みを承諾し，又は負担付遺贈を承認すること。
8　新築，改築，増築又は大修繕をすること。
9　第602条に定める期間を超える賃貸借をすること。

　本人の希望に応じて，その他，一定の行為について同意したり，代理したりする権限が与えられますので，どんな権限があるかは，補助人の場合と同様に，登記事項証明書の代理行為目録，同意行為目録を確認してください。登記事項

Part 1　委任状のあらまし

証明書には，保佐人（サポートする人）被保佐人（サポートされる人）も記載されていますので，保佐人と名乗っている方が本当に権限があるのかは，登記事項証明書で確認できます。

　ただし，この民法第13条第1項で定められている重要な法律行為については，同意行為目録には記載されていませんので，注意してください。これは，どの保佐人にも当然に認められている権限なので，記載が省略されています。

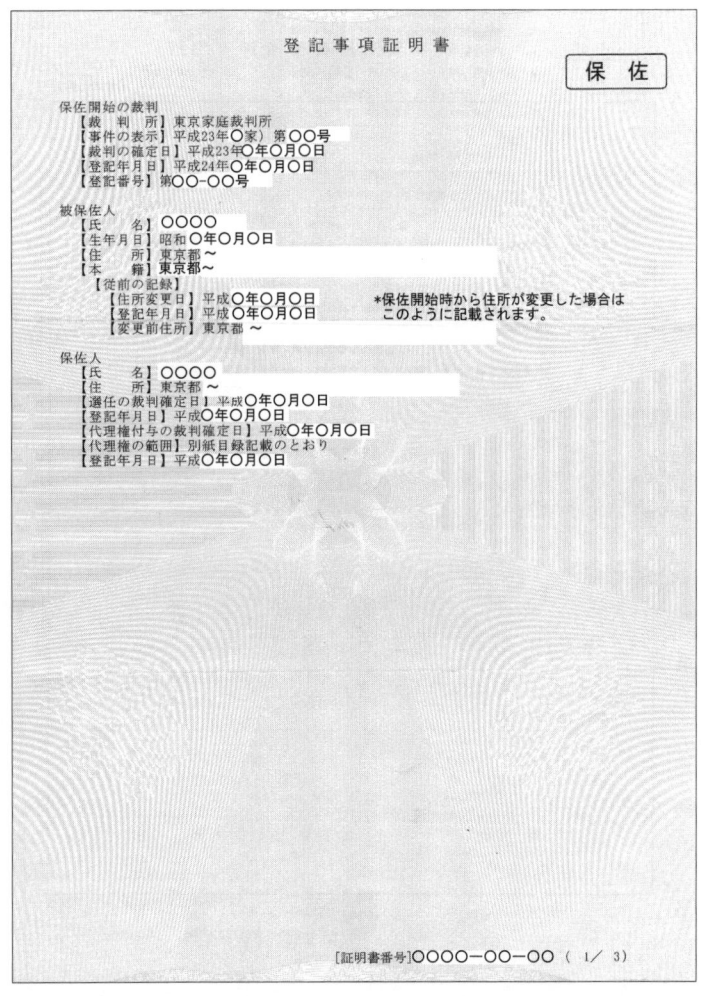

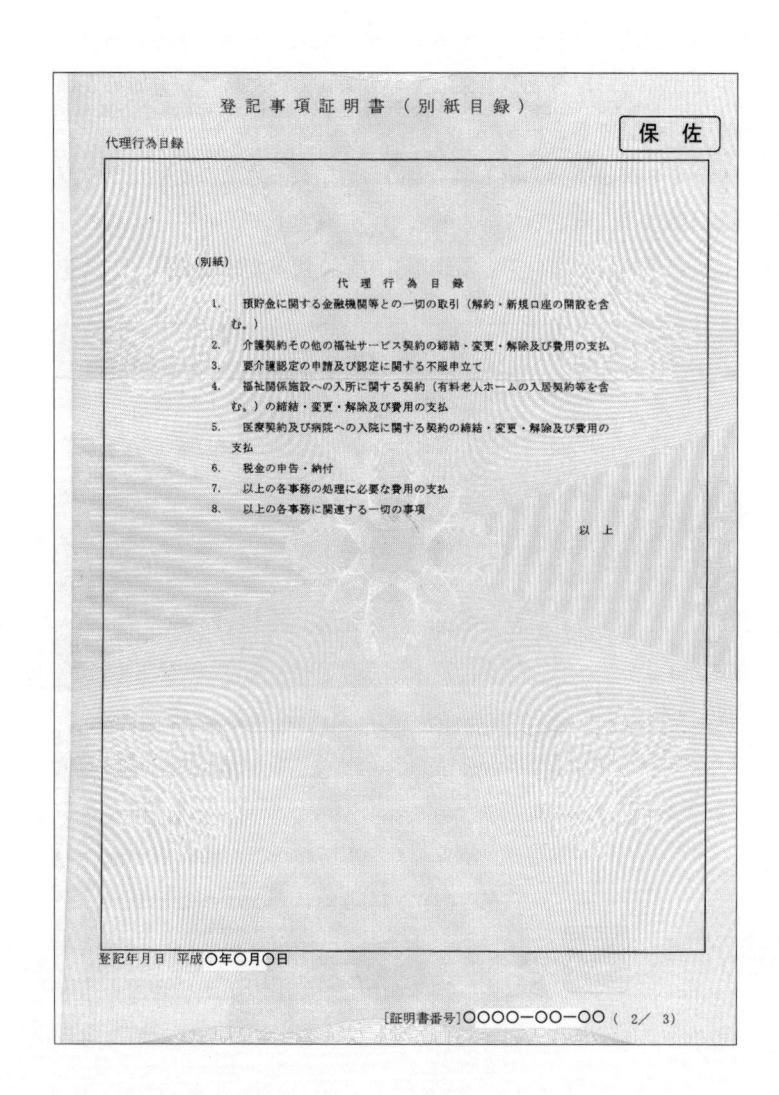

登記事項証明書（別紙目録）　　　　　　　保佐

代理行為目録

（別紙）

代理行為目録

1. 預貯金に関する金融機関等との一切の取引（解約・新規口座の開設を含む。）
2. 介護契約その他の福祉サービス契約の締結・変更・解除及び費用の支払
3. 要介護認定の申請及び認定に関する不服申立て
4. 福祉関係施設への入所に関する契約（有料老人ホームの入居契約等を含む。）の締結・変更・解除及び費用の支払
5. 医療契約及び病院への入院に関する契約の締結・変更・解除及び費用の支払
6. 税金の申告・納付
7. 以上の各事務の処理に必要な費用の支払
8. 以上の各事務に関連する一切の事項

以上

登記年月日　平成〇年〇月〇日

［証明書番号］〇〇〇〇-〇〇-〇〇　（2／3）

Part 1　委任状のあらまし

④ 「私は～さんの成年後見人です」

　成年後見は，保佐より重いレベルで，判断能力が欠けている状態の方をサポートする制度です。たとえば，病気などで意識不明の方，重い認知症で身内の名前すらわからない方などが対象です。後見人には，広範な代理権が認められていて，サポートされる人（被後見人）がしっかりしていたら，本来自分ですべき契約をすべてする権限および義務があります。そのため，サポートをする人（成年後見人）の登記事項証明書には，補助，保佐の場合とは異なり，同意行為目録，代理行為目録はありません。

Part 1　委任状のあらまし

登記事項証明書　　　　　　［後　見］

後見開始の裁判
　【裁　判　所】東京家庭裁判所
　【事件の表示】平成〇年（家）第〇〇号
　【裁判の確定日】平成〇年〇月〇日
　【登記年月日】平成〇年〇月〇日
　【登記番号】第〇〇-〇〇号

成年被後見人
　【氏　　　名】〇〇〇〇
　【生年月日】昭和〇年〇月〇日
　【住　　　所】東京都〜
　【本　　　籍】東京都〜

成年後見人
　【氏　　　名】〇〇〇〇
　【住　　　所】東京都〜
　【選任の裁判確定日】平成〇年〇月〇日
　【登記年月日】平成〇年〇月〇日

　　上記のとおり後見登記等ファイルに記録されていることを証明する。
　　　平成24年〇年〇月〇日
　　　　　　東京法務局　登記官　〇〇〇〇　　［印］

　　　　　　　　　　　　［証明書番号］〇〇〇〇－〇〇－〇〇　(1／ 1)

⑤ 「私は～さんの任意後見人です」

　注意していただきたいのは，この類型です。任意後見人というのは，**認知症などになる前のしっかりしている状態のときに**（⇔補助，保佐，成年後見の場合は，認知症になった後にサポートする人が選任されます），万が一自分が認知症等になった場合に備えて，サポートする人（任意後見人）を予約しておくものです。

　この契約をしただけでも，登記事項証明書は発行されていて，あたかもその任意後見人に権限があるかのように見えますが，それは誤りです。将来サポートする人が，任意後見受任者として記載されているだけです。実際にサポートが必要な状態になったときは，任意後見監督人を家庭裁判所に選任してもらう必要があります。任意後見監督人が選任されて初めて，任意後見人は代理人となることができます。

任意後見契約をしただけで，効力未発行（＝任意後見受任者に何の権限もない）の場合

```
                        登 記 事 項 証 明 書              ┌──────┐
                                                          │任意後見│
                                                          └──────┘
   任意後見契約
      【公証人の所属】東京法務局
      【公証人氏名】○○○○
      【証書番号】平成○年第○○号
      【作成年月日】平成○年○月○日
      【登記年月日】平成○年○月○日
      【登記番号】第○○-○○号
   任意後見契約の本人
      【氏    名】○○○○
      【生年月日】大正○年○月○日
      【住    所】東京都〜
      【本    籍】東京都〜
   任意後見受任者
      【氏    名】○○○○
      【住    所】東京都〜
      【代理権の範囲】別紙目録記載のとおり




                              [証明書番号] ○○○○-○○-○ （ 1／ 3）
```

登記事項証明書（別紙目録）　　　任意後見

代理権目録

代理権目録

1．継続的管理業務
　①本人に帰属する全財産及び本契約締結後に本人に帰属する財産（預貯金を除く）ならびにその果実の管理・保存
　②本人に帰属する全預貯金および本契約締結後に本人に帰属する預貯金に関する取引（預貯金の管理・振り込み依頼・払戻し、口座の変更・解約等）
　③預貯金口座の解説および当該預貯金に関する取引（預貯金の管理・払込依頼・払い戻し、口座の変更・解約等）並びに貸金庫取引
　④定期的な収入（家賃、年金・障害手当金その他の社会保障給付等）の受領およびこれに関する諸手続き
　⑤定期的な支出を要する費用（家賃、公共料金、税金等）の支払いおよびこれに関する諸手続き
2、その他業務（上記継続的管理業務以外の業務）
　①「1、継続的管理業務」記載事項以外の本人の生活、療養看護および財産管理（財産処分を含む）に関する一切の法律行為に関する代理業務
　②行政官庁に対する諸手続き（市区町村・社会保険庁に対する諸手続き、税金の申告等）に関する一切の代理業務
3、その他前各号に付帯する一切の事務、前各号に関する復代理人の選任

5

登記年月日　平成〇年〇月〇日

[証明書番号]〇〇〇〇-〇〇-〇（　2／　3）

Part 1　委任状のあらまし

登記事項証明書　　　　　　　任意後見

上記のとおり後見登記等ファイルに記録されていることを証明する。
　平成〇年〇月〇日
　　　東京法務局　登記官　　〇〇〇〇　　　印

［証明書番号］〇〇〇〇ー〇〇ー〇（　3／　3）

任意後見の効力が発効している（＝任意後見人に権限あり）の場合

　サポートする人が任意後見人となっていて，任意後見監督人の記載もあります。任意後見人の権限は，「もし自分が認知症になったらよろしくね」という任意後見契約をした際に決められた範囲に限られますので，代理行為目録を確認してください。

```
                    登 記 事 項 証 明 書           ┌──────┐
                                                  │任意後見│
                                                  └──────┘
    任意後見契約
      【公証人の所属】東京法務局
      【公証人氏名】〇〇〇〇
      【証書番号】平成〇年第〇〇号
      【作成年月日】平成〇年〇月〇日
      【登記年月日】平成〇年〇月〇日
      【登記番号】第〇〇-〇〇 号

    任意後見契約の本人
      【氏　　名】〇〇〇〇
      【生年月日】大正〇年〇月〇日
      【住　　所】東京都～
      【本　　籍】東京都～

    任意後見人
      【氏　　名】〇〇〇〇
      【住　　所】東京都～
      【代理権の範囲】別紙目録記載のとおり

    任意後見監督人
      【氏　　名】〇〇〇〇
      【住　　所】東京都～
      【選任の審判確定日】平成〇年〇月〇日
      【登記年月日】平成〇年〇月〇日




                        ＊2枚目以降は任意後見の効力発生前と同じなので
                          記載を省略しています。




                                [証明書番号] 〇〇〇〇-〇〇-〇（  1／  3）
```

⎡ ・任意後見受任者 → 任意後見人に代わり，任意後見監督人の記載がされ ⎤
⎣ ているのが，任意後見の効力発生前の証明書と異なる点です。 ⎦

⑥ 「私は行方不明になっている～さんの財産管理人です」

　お父さんが亡くなって，遺言がなかったので母親，子2人で遺産をどう分けるかの話し合いをしたいけれど，長男が行方不明で連絡も取れず困っている場合などのように，どうしても行方不明の代わりに動いてくれる人が必要なことがあります。

　母親がAさんに「長男の代理人になって」と依頼することはできません。その権限は，行方不明の長男にしかありませんので。では，どうしたらよいのでしょうか？　このような場合には，家庭裁判所に，行方不明になっている長男および長男の財産について利害関係を持っている人の利益を保護するために，不在者財産管理人を選任することができます。その人が不在者の財産管理人かどうかは，家庭裁判所の審判書を見せてもらえば確認できます。

　ただし，この財産管理人ができるのは，保存行為という，現状を維持・存続させるために必要な行為までです。長男に代わって遺産分割協議をする場合には，別途不在者財産管理人の権限外行為をする許可を家庭裁判所から得なくてはなりません。この場合は，上記の審判書に加えて，不在者財産管理人の権限外行為許可の審判書も見せてもらう必要があります。

不在者財産管理人の権限外行為許可の審判書

平成〇年（家）第〇〇〇〇号

審　　判

住　　所　東京都～
　　　　　申立人（不在者財産管理人）〇〇〇〇
本　　籍　東京都～
最後の住所　不詳
　　　　　不在者　〇〇〇〇

上記申立人からの不在者財産管理人の権限外行為許可申立事件について，当裁判所はその申立てを相当と認め，次のとおり審判する。

主　　文

財産管理人である申立人が，被相続人〇〇〇〇の遺産につき，別紙遺産分割協議書のとおり共同相続人と遺産分割協議をすることを許可する。

平成〇年〇月〇日
東京家庭裁判所家事第　部
家事審判官

これは謄本である。
平成〇年〇月〇日
東京家庭裁判所家事第　部　係
裁判所書記官　〇〇〇〇　印

⑦ 「私は〜さんの特別代理人です」

　親と子の利害が衝突するときは，子供のための特別代理人を家庭裁判所が選任します。

　たとえば，お父さんが亡くなって，遺言がなかったので母親，子供で遺産をどう分けるかの話をしなくてはならないけれど，子供が未成年の場合に登場します。未成年の子の法定代理人は両親ですが，遺産分割する当事者である母親が，その子を代理するのは利益が衝突しているため，子供のために特別代理人を家庭裁判所に選任してもらい，その特別代理人と母親の間で，遺産分割協議をすることになります。

平成〇年(家)第〇〇〇号

　　　　　　　　審　　　判

本　籍　東京都〜
住　所　東京都〜
　　　　　申　立　人　　〇〇〇〇
本籍及び住所　申立人と同じ
　　　　　未成年者　　〇〇〇〇
　　　　　　　　　　　　平成〇年〇月〇日　生

上記申立人からの特別代理人選任申立事件について，裁判所はその申立てを相当と認め，次のとおり審判する。

　　　　　　　　主　　　文

被相続人亡〇〇〇の遺産の分割をするにつき，
　　　未成年者　〇〇〇〇　の特別代理人として
　　　　住　所　東京都〜
　　　　　　　　〇〇〇〇
を選任する。
　　　平成〇年〇月〇日
　　　　東京家庭裁判所家事第〇部
　　　　家事審判官　〇〇〇〇

これは謄本である。
同　日　同　庁
家事第〇部
裁判所書記官　〇〇〇〇　㊞

Part 2
委任状のひな形

委任状作るときの
参考にしてな

必要に応じ、内容は変更するんやで

1. いろいろな委任状を見てみよう

委任状には，
  1．代理人の住所氏名
  2．委任する内容
  3．日付
  4．委任する人の住所氏名

が記載されている必要があります。実際に，いろいろなタイプの委任状をみてみましょう。

2の委任する内容は，当事者同士ならず第三者が読んだとしても，当事者が意図している内容だとわかるように記載しましょう。できるだけ曖昧な言葉は避けて，具体的に書くよう心がけましょう。

基本的な委任状のひな型
(以下の委任状に共通の注意事項をまとめて記載してあります)

委　任　状　　〔タイトルは，わかりやすいように，委任状と記載しましょう〕

神奈川県川崎市砂子1丁目2番地3　　〔受任者（委任事項をやってくれる人）の住所を記載します〕

虎山寅吉　〔この部分は受任者が誰ですよ，と表示する部分にすぎませんので，名前の後に押印する必要はありません〕

私は，上記の者を代理人と定め，下記の権限を委任します。

記

1．～
　〔委任したい事項を具体的に，わかりやすく，第三者が読んでも内容が特定できるようなかたちで記載します〕

以上

平成○年○月○日 ← 委任した日付を記入します。西暦，和暦のどちらでも構いません
東京都港区南麻布８丁目７番30号 ← 委任者（委任をする人）の住所を記載します
花沢花子　㊞ ← 委任者が署名押印します。印鑑は実印が必要なときも，認印でも構わないときもあります

以下の委任状は，あくまでも一例です。必要に応じて内容を変更してください。

① 住民票の取得

住民票とは，住民登録をしている市区町村長の役所で取得できる住所の証明書です。

委　任　状

神奈川県川崎市砂子１丁目２番地３
虎山寅吉
私は上記の者を代理人と定め，下記の権限を委任します。

記

次のとおりの住民票の写し○通の交付申請及び受領する権限
〔世帯全員のものが必要な場合〕
　　　※　実際に委任状を作るときは，この記載は不要です。以下の〔　〕についても同様です。
・世帯全員のもの，続柄の記載必要，本籍の記載必要です。

> ＊ 提出先により，どのような住民票が必要か異なってきますが，迷った場合は，世帯全員のもので，続柄，本籍の記載あるものを取得してください。

〔世帯の一部の人のものが必要な場合〕
・世帯一部，〇〇についてのもの，続柄の記載必要，本籍の記載不要です。

〔亡くなった方についての場合〕
・世帯一部，亡〇〇についてのもの，続柄の記載必要，本籍の記載不要です。

> ＊ 住所を移転した転出者や亡くなった方の住民票は除かれます。それを住民票の除票の写しといいます。世帯の一部の人が転出した場合，その人の部分のみ×印がされるだけですが，世帯全員が転出した場合は，住民票自体が除かれます。住民票の除票は，保存期間は5年とされていますので，5年経過後は基本的には取得できなくなります。

以上

平成〇年〇月〇日
　東京都港区南麻布8丁目7番30号
　　花沢花子　㊞

② 戸籍謄本の取得

　戸籍謄本とは，本籍地の役所で取得できる，親子関係，出生，死亡，婚姻等の関係を証明する書類です。

委 任 状

神奈川県川崎市砂子1丁目2番地3
虎山寅吉

私は上記の者を代理人と定め，下記の権限を委任します。

記

〔戸籍謄本を取得する場合〕

　年金受給手続きに使用するため，戸籍謄本を○通の交付申請及び受領する権限

> どのような使用目的か問われますので，記載しておきましょう

本籍地：○○○

筆頭者：○○

委任者との続柄：委任者の配偶者

> 戸籍の請求をする場合は，本籍地，筆頭者，筆頭者と委任者の関係も記載する必要があります（以下この記載は省略しています）。

〔戸籍抄本を取得する場合〕

　パスポート取得のため，私の戸籍抄本を○通の交付申請及び受領する権限

> 謄本というのは，戸籍に記載された全員の記載あるもの（全部証明書）
> 抄本は，一部の人の記載のみの戸籍です。抄本が必要な場合は，誰についての証明が必要かを記載しましょう。

〔相続のために戸籍を取得する場合〕

　相続手続きのため，被相続人○○（昭和○年○月○日生）の出生から死亡するまでの御庁にある戸籍謄本すべて各○通の交付申請及び受領する権限

＊　預貯金の相続，不動産の相続をするときは，相続人を確定するため亡くなった方の出生から亡くなるまでの戸籍すべてを求められます。たとえば，実家にいたときの戸籍，結婚して作った戸籍，結婚後本籍を転籍した場合は，転籍先の戸籍のすべてが必要になります。

　戸籍に記載されていた方が，婚姻，死亡，転籍などの理由で全員除かれ，誰も在籍しなくなった戸籍を除籍謄本といいます。戸籍の編成や様式が改められた場合に，新しい戸籍に書き換えることを改製といい，書き換え前の戸籍のことは改製原戸籍といいます。たとえば，昭和33年から40年ごろに渡って実施されたのが，一族全員を記載していた家単位の戸籍を，夫婦と子供単位の戸籍に編成しなおしたもの，最近では，従来の縦型の戸籍をコンピュータ化し，横書きに編成しなおしたものがあります。除籍謄本も改製原戸籍も，既に閉鎖された戸籍という意味では同じです。相続手続きではこれらの戸籍も必要になりますが，除籍謄本，改製原戸籍謄本と指定せずとも，上記のように記載すれば大丈夫です。

〔通常は亡くなった方の出生から亡くなるまでの戸籍（除籍）謄本を用意すれば足りますが，子供がなく，両親も死亡しているので兄弟姉妹が相続人になる場合には，他に兄弟姉妹がいないことを証明するため，両親の出生から亡くなるまでの戸籍（除籍）謄本も必要となります。その場合は，次のように記載してください。〕

被相続人○○（昭和○年○月○日生）の相続手続（兄弟姉妹が相続人です）をするため，御庁にある被相続人及び同氏の両親である○○（明治○年○月○日生）及び○○（明治○年○月○日生）の戸籍（除籍）謄本すべて，各○通取得する件

〔自分との関係が分かる戸籍を取得する場合〕
　○と○の兄弟姉妹関係が分かる戸籍謄本を○通の交付申請及び受領する権限
　○と○の離婚が記載されている戸籍謄本を○通の交付申請及び受領する権限

以上

平成○年○月○日
　東京都港区南麻布8丁目7番30号
　花沢花子　㊞

③　戸籍の附票の取得

あまり聞きなれない証明書ですが，本籍地の役所で取得できる住所の履歴表です。現在の戸籍（または閉鎖されてから5年以内の除籍）について，その戸籍が編成されたときから現在に至るまでの住所移転の履歴が記載されたものです。住民票では，通常1つ前の住所地しか記載されないため旧住所と現住所の繋がりを証明する必要がある場合で，引越しを何度もしているけれど本籍は変更していないようなときには，戸籍の附票を取得したほうがよいときもあります。

委　任　状

神奈川県川崎市砂子1丁目2番地3
虎山寅吉

私は上記の者を代理人と定め，下記の権限を委任します。

記

戸籍の附票1通の交付申請及び受領する権限

```
　　本籍地：〇〇
　　筆頭者：〇〇
                                                        以上

　平成〇年〇月〇日
　　東京都港区南麻布8丁目7番30号
　　　花沢花子　㊞
```

④　世帯変更

　世帯とは，同一の住居で暮らし，生計を同じくする人の集団です。世帯を分けた場合や他の世帯に属することになった場合，世帯主が死亡したあと同一世帯内に15歳以上の人が2名いる場合は，新たな世帯主を届け出をする必要があります。同一世帯員以外の人に手続きを依頼するには，委任状が必要となります。

```
                    委　任　状


              神奈川県川崎市砂子1丁目2番地3
                    虎山寅吉

　私は上記の者を代理人と定め，下記の権限を委任します。


                      記

〔世帯主死亡により変更する場合―たとえば，世帯主である夫が死亡し，
同居している妻と15歳以上の子供1人がいるときに，妻を世帯主にする場
合。夫と妻のみの世帯で夫が死亡した場合は，自動的に妻が世帯主になる
ため，届け出は不要です。〕
```

世帯主変更届

　平成○年○月○日旧世帯主○○の死亡により，世帯主を○○に変更する権限

〔世帯を分離届—子が独立して生計を別にするなど，世帯員が住所を変更せずに新たに世帯を作る届出〕

　世帯分離届

　平成○年○月○日世帯分離により，○○が世帯を分離する権限

以上

平成○年○月○日

　東京都港区南麻布8丁目7番30号

　花沢花子　㊞

コラム　世帯主と戸籍の筆頭者の違い

　世帯主は，住民票の世帯の代表者で，主に生計を営む人がなります。戸籍の筆頭者は，戸籍の一番最初に名前を書かれている人です。同一人物であることが多いのですが，色々と違いがあります。

	世帯主	戸籍の筆頭者
	住民票の世帯の代表者　主に生計を営む人	戸籍の一番最初に名前を書かれている人
亡くなった場合	世帯主が亡くなると，他の人が世帯主になる	筆頭者が亡くなっても変更なし
変　更	世帯主の変更は自由	離婚や婚姻等をしない限り変更はしない
2世帯住居にすむ父母と子供夫婦のケース	父母と子供夫婦世帯を1つにして，世帯主を決めることも，別々の世帯にして，それぞれ世帯主を決めることもできる	戸籍は家族ごとに編成されるため，父母の戸籍と子供夫婦の戸籍は別になり，筆頭者も別になる

⑤ 転 出 届

　平塚市から東京都港区へ住所を移転する場合のように，他の市区町村へ住所を移転するときに，従来住んでいた場所（平塚市）でする手続きです。

委 任 状

神奈川県川崎市砂子1丁目2番地3

虎山寅吉

私は上記の者を代理人と定め，下記の権限を委任します。

記

転出届を申請する権限
　現住所　平塚市○○区〜
　新住所　東京都港区南麻布8丁目7番30号
　転出日　平成○年○月○日

以上

平成○年○月○日
　東京都港区南麻布8丁目7番30号
　花沢花子　㊞

---

⑥ 転 入 届

　平塚市から東京都港区へ住所を移転する場合のように，他の市区町村から住所を移転するときに新住所（東京都港区）でする手続きです。旧住所（平塚市）での転出届も必要となります。

```
            委　任　状


        神奈川県川崎市砂子1丁目2番地3
              虎山寅吉
  私は上記の者を代理人と定め，下記の権限を委任します。


              記

  転入届を申請する権限
    旧住所　平塚市○○区～
    新住所　東京都港区南麻布8丁目7番30号
    移転日　平成○年○月○日
                              以上


  平成○年○月○日
    東京都港区南麻布8丁目7番30号
      花沢花子　㊞
```

⑦ 転居届

同じ市区町村内で住所を変更した場合の届け出です。

```
            委　任　状


        神奈川県川崎市砂子1丁目2番地3
              虎山寅吉
  私は上記の者を代理人と定め，下記の権限を委任します。
```

```
                    記
  転居届を申請する権限
     旧住所　東京都港区〜
     新住所　東京都港区南麻布8丁目7番30号
     移転日　平成○年○月○日
                                          以上


  平成○年○月○日
    東京都港区南麻布8丁目7番30号
     花沢花子　㊞
```

⑧　課税証明書

　課税証明書は，各年の1月1日から12月31日までの1年間の所得に対する**住民税額**を証明するものです。1年間の所得額が記載されるため，所得証明書と呼ばれることもあります。住宅ローンを申し込むとき等に必要となります。

```
                   委　任　状
              神奈川県川崎市砂子1丁目2番地3
                   虎山寅吉
  私は上記の者を代理人と定め，下記の権限を委任します。


                    記
  平成24年度の課税証明書1通の交付申請及び受領する権限
 ┌─────────────────────────────────┐
 │平成24年度の課税証明書には，前年の平成23年の所得額の記載がされています│
 └─────────────────────────────────┘
                                          以上
```

平成○年○月○日
　東京都港区南麻布8丁目7番30号
　　花沢花子　㊞

⑨　納税証明書

　各都道府県税事務所で取得できる，確定申告書等を提出した場合の納税額，所得金額の証明書です。

委　任　状

神奈川県川崎市砂子1丁目2番地3
　　　　虎山寅吉
私は上記の者を代理人と定め，下記の権限を委任します。

記

　平成○年4月1日から平成○年3月31日までの事業年度分の，株式会社ハナザワの法人事業税・法人住民税の納税証明書の申請及び受領に関する権限

以上

平成○年○月○日
　東京都港区六本木5丁目7番8号
　　株式会社　ハナザワ
　　代表取締役　花沢花子　㊞
　　電話番号　○○（○○○○）○○○○

納税証明書交付請求書の一例

納税証明書交付請求書

税務署長 あて

収入印紙ちょう付欄
（消印しないでください）

年　月　日

【代理人記入欄】
代理人の方のみ記入してください。
住所

氏名　　　　　　　　　　㊞

※代理人の方が請求される場合は委任状が必要です。

住　所
（納税地）

（フリガナ）
氏　名
又　は
法人名及び
代表者氏名　　　　　　　　　　㊞

（信託の名称：　　　　　　　　　　）

下記のとおり、納税証明書の交付を請求します。

記

証明書の種類	□ その1	□ その2	□ その3 □ その3の2 □ その3の3	□ その4
証明を受けようとする税目 （該当する税目にレ印を記入してください。）	□ 申告所得税 □ 法人税 □ 消費税及び地方消費税 □ その他 （　　　　税）	□ 申告所得税 □ 法人税 □ 消費税及び地方消費税	□ 申告所得税 □ 法人税 □ 消費税及び地方消費税 □ その他 （　　　　税） ※その3の2、その3の3の場合は記入する必要はありません。	
証明を受けようとする国税の年分	年分 自 年 月 日 　　　至 年 月 日	年分 自 年 月 日 　　　至 年 月 日	年分 自 年 月 日 　　　至 年 月 日	
証明を受けようとする事項	・納付すべき税額 ・納付済額 ・未納税額 □法定納期限等 □源泉徴収税額 □未納税額のみ （口には、必要な場合にレ印を記入してください。）	所得金額 ※申告所得税の証明の場合、所得種類別の証明も可能です。口には証明を受けようとする事項にレ印を記入してください。 □総所得金額の証明 □事業所得金額の証明 □上記以外の所得金額の証明 （　　　　）	未納の税額がないこと ※その3の2は「申告所得税」と「消費税及び地方消費税」に、その3の3は「法人税」と「消費税及び地方消費税」に未納税額がないこととなります。	次の期間について、滞納処分を受けたことがないこと 自 年 月 日 至 年 月 日
証明書の請求枚数	枚	枚	枚	枚
証明書の使用目的	□資金借入　□入札参加指名願　□登録申請(更新)　□保証人 □その他（　　　　）			

※ 税務署整理欄

本人（代理人）確認方法	□運転免許証　□パスポート　□身分証明書（　　　） □健康保険証　□住民基本台帳カード（顔写真付）　□その他（　　　）	確認者
委任事実の確認	□電話照会　□印影照合　□申告書等確認　□その他（　　　）	

	その1	税目数	年度	枚	合計		確認者	証明番号
□収入印紙	その2		年度	枚	円	(内現金　　円)		
□現金	その3			枚	円		納付一連番号	
	その4			枚	円			領収担当者印

整理番号

納税証明書には，つぎの種類があります。

納税証明書の種類	証明内容
納税証明書「その1」	納付税額等
納税証明書「その2」	「申告所得税」又は「法人税」の所得金額
納税証明書「その3」	未納の税額がないこと
納税証明書「その3の2」	「申告所得税」と「消費税及び地方消費税」に未納の税額がないこと（個人用）
納税証明書「その3の3」	「法人税」と「消費税及び地方消費税」に未納の税額がないこと（法人用）
納税証明書「その4」	滞納処分を受けたことがないこと等

⑩　固定資産評価証明書

　不動産の評価額が記載された証明書です。相続や売買等で不動産の名義を変更するときに登録免許税を算定するために使われたり，相続・贈与税，訴訟費用の算定のためにも使われたりします。

委　任　状

神奈川県川崎市砂子1丁目2番地3
虎山寅吉

私は上記の者を代理人と定め，下記の権限を委任します。

記

次の不動産についての平成〇年度固定資産評価証明書各1通の交付申請及び受領する権限
不動産の表示
　東京都港区南麻布八丁目120番8の土地

```
　　　同所　120番地8　家屋番号　120番8の建物

　　　　　　　　　　　　　　　　　　　　　　　　　　以上


平成〇年〇月〇日
　東京都港区南麻布8丁目7番30号
　　花沢花子　㊞
```

　不動産は住所ではなく，地番で記載します。登記簿謄本（現在は，全部事項証明書といいます）または権利証で確認し，土地の場合は「所在＋地番＋の土地」建物の場合は「所在＋家屋番号＋の建物」と記載します。記載する箇所をグレーでぬりつぶした登記簿謄本の一例です。

土地の全部事項証明書例

表　題　部（土地の表示）			調整	余白	不動産番号	0202000426900
所在	横浜市港区南麻布八丁目					
① 地番	② 地目	③ 地積㎡	原因及びその日付（登記の日付）			
120番8	宅地	145.62㎡	245番1から分筆（平成〇年〇月〇日）			

権利部（甲区）所有権に関する事項			
順位番号	登記の目的	受付年月日・受付番号	権利者その他の事項
1	所有権保存	平成〇年〇月〇日受付 第〇〇号	所有者　東京都港区南麻布八丁目7番30号 　　　　花沢花子

権利部（乙区）所有権以外の権利に関する事項			
順位番号	登記の目的	受付年月日・受付番号	権利者その他の事項
1	抵当権設定	平成〇年〇月〇日受付 第〇〇号	原因　〇〇 債権額　〇〇円 損害金　〇％ 債務者　〇〇 抵当権者　〇〇

この土地の場合は,「東京都港区南麻布八丁目120番8の土地」と記載してください。

建物の全部事項証明書例

表　題　部（主である建物の表示）			調整	平成○年○月○日	不動産番号	0202000444555
所　在	東京都港区南麻布8丁目120番地8					
家屋番号	120番8					
①種類	②構造	③面積㎡	原因及びその日付（登記の日付）			
居宅	木造瓦葺二階建	1階　○○・○○㎡ 2階　○○・○○㎡	平成○○年○月○日新築			
【所有者】	○○市○○丁目○番○号　花沢花子					

（甲区，乙区の記載は省略しています）

この場合は「東京都港区南麻布八丁目120番地8　家屋番号120番8の建物」と記載してください。

マンションの全部事項証明書

神奈川県 横浜市中区相生一丁目75-4-302		全部事項証明書	(建物)
専有部分の家屋番号	75-4-101 ～ 75-4-119　75-4-201 ～ 75-4-219 75-4-301 ～ 75-4-321　75-4-401 ～ 75-4-421 75-4-501 ～ 75-4-521　75-4-601 ～ 75-4-621		

表題部（一棟の建物の表示）

調製　平成14年2月6日　　所在図番号　余白

所　在	横浜市中区相生一丁目75番地4	余白
建物の名称	パレス相生	余白

①構　造	②床　面　積　㎡	原因及びその日付（登記の日付）
鉄筋コンクリート造陸屋根6階建	1階　1200：52 2階　1100：56 3階　1000：70 4階　1000：70 5階　1000：70 6階　1000：70	平成　　月13日新築
余白	余白	昭和63年法務省令第37号附則第2条第2項の規定により移記 平成14年2月6日

表題部（敷地権の目的である土地の表示）

①土地の符号	②所在及び地番	③地目	④地積　㎡	登記の日付
1	横浜市中区相生一丁目75番4	宅地	4320：16	平成9年8月11日

表題部（専有部分の建物の表示）

不動産番号　0209993588945

家屋番号	相生一丁目75番4の302	余白
建物の名称	302	余白

①種　類	②構　造	③床　面　積　㎡	原因及びその日付（登記の日付）
居宅	鉄筋コンクリート造1階建	3階部分　75：17	平成9年8月13日新築
余白	余白	余白	昭和63年法務省令第37号附則第2条第2項の規定により移記 平成14年2月6日

表題部（敷地権の表示）

①土地の符号	②敷地権の種類	③敷地権の割合	原因及びその日付（登記の日付）
1	所有権	20万分の1200	平成9年8月13日敷地権 〔平成10年3月11日〕

この場合は「横浜市中区相生一丁目75番地4　家屋番号相生一丁目75番4の302の建物，敷地権の表示　横浜市中区相生一丁目75番4の土地所有権　20万分の1200」と記載してください。

　相続登記に必要で取得する場合など，亡くなった方が不動産の名義人の場合には，不動産の表示の下に，

　　被相続人　　○○（亡くなった方の名前）

と記載し，委任者が亡くなった方の相続人であることがわかる戸籍謄本を持参して申請します。

　登記や訴訟費用の算定に使う場合は，評価証明書は，3月末までは前年度の証明しか出ませんので，そちらを利用し，4月1日以降はその年の証明書を使用します。相続税の算定のために使用するときは，亡くなった年度の評価証明書を取得しますので，たとえば平成25年2月2日に亡くなった場合は，4月1日以降でないと平成25年度の評価証明書が取得できないため，しばらく待ってから取得することになります。

⑪　印鑑登録申請

委　任　状

神奈川県川崎市砂子1丁目2番地3
虎山寅吉

私は上記の者を代理人と定め，下記の権限を委任します。

記

〔印鑑登録をはじめてする場合〕
　印鑑登録申請をする権限

〔印鑑回答書の提出と印鑑カードの受領も委任する場合〕
　印鑑登録の回答書の提出及び印鑑登録証を受領する権限（役所によって手続きの方法が異なるかもしれませんが，通常は代理人が印鑑登録申請をすると，本人宅へ照会書が送付され，それの回答書を提出すると印鑑カードが交付されることになります）
〔印鑑カードを紛失した届出をする場合〕
　印鑑登録証亡失届出をする権限
〔印鑑カードを廃止する場合〕
　印鑑登録廃止を申請する権限

以上

平成○年○月○日
　東京都港区南麻布8丁目7番30号
　花沢花子　㊞　←登録する印鑑（実印）で押印すること

　印鑑証明書を取得するには，印鑑カードがあれば，委任状は不要です。

⑫　身分証明書取得

　あまり取得する機会がないものですが，本籍地のある役所で禁治産，準禁治産の宣告を受けてないこと，被後見人ではないこと，破産宣告または破産手続き開始決定がされていないことを証明するものです。古物商許可を取得する際や，警備員に就職するときなどに求められます。

　　　　　　　　　　身分証明書
　　　本籍　東京都○○
　　　本人氏名　○○
　　　生年月日　昭和○年○月○日

1．禁治産または準禁治産の宣告の通知を受けていない。
2．後見の登記の通知を受けていない。
3．破産宣告または破産手続き開始決定の通知を受けていない。
　上記のとおり証明する

平成○年○月○日
　　東京都○○区長　　○○　㊞

委　任　状

神奈川県川崎市砂子1丁目2番地3

虎山寅吉

私は上記の者を代理人と定め，下記の権限を委任します。

記

身分証明書を取得する権限

以上

平成○年○月○日
　東京都港区南麻布8丁目7番30号
　本籍　東京都豊島区巣鴨4丁目2番
　筆頭者　○○（委任者の父）
　花沢花子　㊞

申請用紙に委任者の本籍，筆頭者，筆頭者との続柄を記入する必要があるので記載してもらっておきましょう。

平成12年3月31日以前は禁治産者，準禁治産者については，本人の戸籍へ記載する方法で公示されていましたが，同年4月1日以降は，成年後見制度の施行により，法務局で管理する後見登記等ファイルへの登記に変更されました。そのため，平成12年3月31日以前に禁治産者（成年被後見人とみなされる人），準禁治産者（被保佐人とみなされる人）に該当していないことの証明は，市区町村の発行する「身分証明書」によってなされ，同年4月1日以降に成年被後見人・被保佐人等に該当していないことを証明するには，つぎの「登記されていないことの証明書」によりなされることになります。

よって，いずれの時点でも禁治産者（成年被後見人）・準禁治産者（被保佐人）に該当しないことを証明するには，両方の証明書が必要となります。

⑬ 登記されていないことの証明書

成年後見，保佐，補助，任意後見の登記がされていないことの証明書です。警備員に就職するときや，成年後見人の選任申立てをする際の添付資料として使います。東京法務局民事行政部後見人登録課，各法務局・地方法務局の戸籍課に申請して取得しますが，郵送申請して取得する場合は，東京法務局民事行政部後見人登録課のみの取扱いとなります。

委　任　状

神奈川県川崎市砂子１丁目２番地３
虎山寅吉

私は上記の者を代理人と定め，下記の権限を委任します。

記

登記されていないことの証明書１通の申請及び受領に関する一切の権限

以上

平成○年○月○日

　本籍　東京都豊島区巣鴨４丁目２番

　生年月日　昭和○年○月○日

　住所　東京都港区南麻布８丁目７番30号

　花沢花子　㊞

「登記されていないことの証明申請書」
(後見登記等ファイル用)

02

請求できるのは、本人、本人の配偶者または四親等内の親族です。
なお、代理の方が申請する場合は、該当する方からの委任状が必要です。

法務局

平成 ○ 年 ○ 月 ○ 日申請

請求される方 (請求権者)	住　所 (フリガナ)	東京都港区南麻布八丁目7番30号
	氏　名	花沢花子　　　連絡先 (電話番号　　　)
	証明を受ける方との関係	☑本人 □配偶者 □四親等内の親族 □その他 ( )
代理人 (上記の方から 頼まれた方)	住　所 (フリガナ)	神奈川県川崎市砂子一丁目2番地3 トラヤマ　トラキチ
	氏　名	虎山　寅吉　　連絡先 (電話番号 ○○○-○○○○-○○○○) ㊞
返送先 (上記以外に証明書 の返信先を指定され る場合に記入)	住　所	
	宛　先	※返信用封筒にも同一事項を必ず記入

収入印紙を
貼るところ

収入
印紙

1通につき300円

※割印はしないでください。

※印紙は申請書ごとに
必要な通数分を
貼ってください。

添付書類 ㊟参照	☑ 委任状 (代理人が申請するときに必要、また、会社等法人の代表者が社員等の分を申請する時に社員等から代表者への委任状も必要) □ 戸籍謄抄本等親族関係を証する書面 (本人の配偶者・四親等の親族が申請するときに必要) □ 法人の代表者の資格を証する書面 (法人が代理人として申請するときに必要)
証明事項 (いずれかの□に チェックしてくだ さい)	☑ 成年被後見人、被保佐人とする記録がない。(後見・保佐を受けていないことの証明が必要な方) □ 成年被後見人、被保佐人、被補助人とする記録がない。(後見・保佐・補助を受けていないことの証明が必要な方) □ 成年被後見人、被保佐人、被補助人、任意後見契約の本人とする記録がない。(後見・保佐・補助・任意後見を受けていないことの証明が必要な方) □ その他 (　　　　　　　　　　　　　　　　) とする記録がない。(上記以外の証明を必要とする場合)
請求通数	1 通 ※請求通数は右詰めで記入してください。	証明を受ける方の氏名のフリガナ	ハ ナ ザ ワ 　 ハ ナ コ

◎証明を受ける方　この部分を複写して証明書を作成するため、字画をはっきりと、住所又は本籍は番号、地番まで記入してください。

①氏　名	花沢　花子		
②生年月日	明治 大正 ☑昭和 平成 西暦 または	○○ 年	○ 月 ○ 日
③住　所	都道府県名：東京都	市区郡町村名：港区南麻布	
	丁目 大字 地番：八丁目7番30号		
④本　籍	都道府県名：東京都	市区郡町村名：豊島区巣鴨	
	□ 国籍	丁目 大字 地番 (外国人は国籍を記入)：四丁目2番	

提出先から特に指定がない場合は、住所は本籍 (外国人の場合は④に☑し、正しい国籍名) のいずれかを記入してください。

㊟ 請求される方 (代理申請の場合は代理人) の本人確認書類は必ず添付してください (裏面注4参照)。

記入方法は： 1. 証明を受ける方の氏名のフリガナ欄は、例えば、ヤマダ　タロウと左詰め (氏名の間1字空き) でカタカナで記入してください。
外国人は氏名欄に本国名 (漢字を使用しない外国人はカタカナ) を記入してください。
2. 生年月日欄は、例えば、昭和に☑し □4□10 年 □1 月 □1 日と右詰めで記入。
3. 郵送請求の場合は、返信用封筒 (あて名を書いて、切手を貼ったもの) を同封しあてのあて先宛に郵送してください。

○本申請書を拡大縮小せずに使用してください。

申請書送付先：〒102-8226　東京都千代田区九段南1-1-15　九段第2合同庁舎　東京法務局民事行政部後見登録課

(登記所が 記載します)	交付通数	交付枚数	手数料	受付	年　月　日
				交	年　月　日

本人確認書類
□ 請求権者　□ 代理人
□ 運転免許証
□ 健康保険証
□ パスポート
□ (　　　　)
□ 封筒

登記されていないことの証明書

① 氏　名	花沢　花子		
② 生年月日	明治☐ 大正☐ 昭和☑ 平成☐ または 西暦☐	○○年	○月 ○日

③ 住所	都道府県名　東京都	市区郡町村名　港区南麻布
	丁目 大字 地番　八丁目7番30号	

④ 本籍 ☐国籍	都道府県名　東京都	市区郡町村名　豊島区巣鴨
	丁目 大字 地番（外国人は国籍を記入）　四丁目2番	

上記の者について、後見登記等ファイルに成年被後見人、被保佐人、被補助人、任意後見契約の本人とする記録がないことを証明する。

平成○年○月○日

東京法務局　登記官　　　　　　　○○○○　　　　　㊞

[証明書番号]○○○○-○○-○○○

⑭ **議決権行使の委任状**

　マンションの管理組合の総会，株主総会などに出席できない場合に，自分の代わりに議決権を行使する人を定める委任状です。受任者の欄が空欄の場合が多いことが予想されるため，その場合には理事長（議長）に一任されたものとする記載をしておくことが多いです。

（マンションの管理組合の総会の場合）

　　　　　　　　　　　委　任　状

　パレス相生管理組合
　総会議長　殿

　　　　　　　　神奈川県川崎市砂子１丁目２番地３
　　　　　　　　　　　虎山寅吉
　私は上記の者を代理人と定め，下記の権限を委任します。

　　　　　　　　　　　記
　平成〇年〇月〇日開催のパレス相生管理組合の定期総会における議案の決議に関する議決権を行使する権限
　　　　　　　　　　　　　　　　　　　　　　　　　以上

　平成〇年〇月〇日
　　パレス相生　312号室
　　住所　東京都港区南麻布８丁目７番30号
　　花沢花子　㊞

　＊代理人の記名がない場合は，総会議長に委任されたものと致します。

(株主総会の場合)

委　任　状

神奈川県川崎市砂子１丁目２番地３
虎山寅吉

私は上記の者を代理人と定め，私の全議決権につき下記の権限を委任します。

記

平成○年○月○日開催の株式会社ハナザワ　第40回定時株主総会（継続会または延会を含む）に出席し，議決権を行使する権限

以上

平成○年○月○日
　住所　東京都港区南麻布８丁目７番30号
　花沢花子　㊞

＊　代理人の記名がない場合は，議長に委任されたものと致します。

⑮ 設計事務所への委任状

　家を新築する場合は，建築確認申請をする必要があります。その手続きを設計事務所に依頼する場合には，委任状が必要となります。

委　任　状

神奈川県川崎市砂子１丁目２番地３
虎山寅吉

私は上記の者を代理人と定め，下記に関する権限を委任します。

記

１．建築確認
２．上記１の業務に関する手続き，確認申請関係図書の訂正及び指定確認検査機関から交付される文書の受領
３．敷地の地名地番　横浜市中区相生一丁目２番３号

以上

平成○年○月○日

　住所　東京都港区南麻布８丁目７番30号
　花沢花子　㊞

　建築確認は，これから建てる建物等の建築計画が，建築基準法等に適合しているかどうかを事前に審査するものです。計画変更確認（一度建築確認を受けた建築物等の計画を変更し，その結果建築基準関係規定に係る変更が生じる場合に必要となります）を含めて委任するときは，「１．建築確認（計画変更確認を含む)」としてください。

　工事完了検査の時点で見えなくなってしまう部分等を，工事の中間において，建築主事等が建築基準法等の関連規定に適合しているかチェックする中間検査

を委任するときには,「1．中間検査」としてください。

　工事完了後,建築物等の安全性が確保されているか確認を行う検査を受けて検査済証(合格証)を交付された後でなければ,建築物等を原則としては使用することができませんが,その検査を委任する場合には,「1．完了検査」としてください。

⑯　車の登録

　車を購入した場合は,自分の住所を管轄する運輸支局・検査登録事務所で,登録をする必要があります。登録後,氏名や住所が変わった場合は変更登録,誰かに譲渡して所有者が変わったときは移転登録,廃車する場合は抹消登録,ナンバープレートを紛失した時は番号変更の届け出が必要となります。新車を購入したときは,ディーラーに依頼して,車の登録をすることが多いかと思いますので,その委任状をみてみましょう。

委　任　状

神奈川県川崎市砂子1丁目2番地3
虎山寅吉

私は上記の者を代理人と定め,下記の権限を委任します。

記

次の自動車の　新規登録申請　に関する権限を委任する。
自動車登録番号または車台番号：(車検証に記載されている車台番号を記入)

以上

平成○年○月○日
東京都港区南麻布８丁目７番30号
花沢花子㊞ ｜印鑑は実印（印鑑証明書と同じ印鑑）で押印してください。ただし，住所氏名変更のとき，ナンバープレートの盗難，毀損のときは，認印でも構いません。

新規登録ではない場合は，**新規登録申請**の部分をつぎのように変えてください。

・登録後，氏名や住所が変わった場合……変更登録申請
・誰かに譲渡して所有者が変わったとき……移転登録申請
・一時廃車するとき……一時抹消登録申請
・ナンバープレートを紛失したとき……番号変更申請
・廃車するとき…永久抹消登録申請及び自動車重量税還付申請
・解体するとき…解体の届出及び自動車重量税還付申請

｜廃車・解体をする場合には，自動車登録番号と車台番号の両方を記載します。自動車重量税が戻ってきますので，その還付の請求の件も併せて委任しましょう。
自動車登録番号：も○○　○○−○○
車台番号：○○

※　自動車登録番号は，ナンバープレートに記載された番号です。車台番号は，各自動車の車台に刻印されている固有の番号です。いずれも車検証に記載されています。

⑰　定額小為替や株主配当金受領の委任状

定額小為替は，郵便局で購入できます。現金の代わりに送ることができるので，郵送で戸籍謄本の請求をするとき等に使われています。受領した人は，表面に住所氏名を記載し押印すれば郵便局で記載されている額が受け取れます。

Part2　委任状のひな形

受け取るのを誰かに頼みたい場合には，裏面に委任欄があるので，代理人の名前，自分の住所氏名を記載し押印してください。

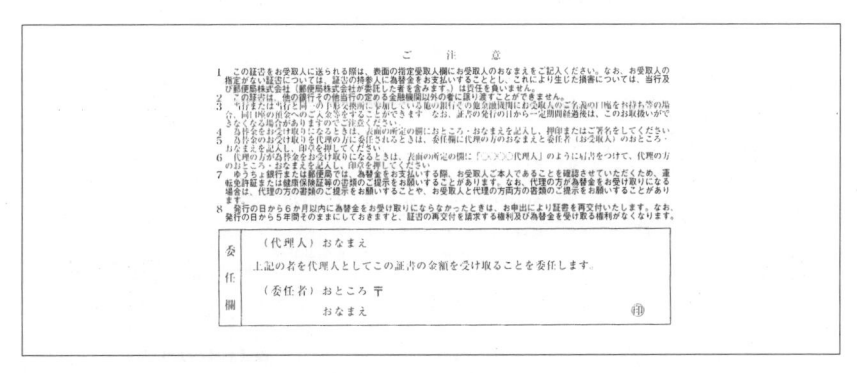

株主配当を受領するときも手続きは同様です。証券会社の口座に入金される形で株主配当を受領する方法を選択していない場合には，株主配当金額収証が送られてくるので，自分で受領する場合は，表面に既に記載されている自分の住所氏名の横に受領印欄があるので，そちらに押印して郵便局で配当金を受領します。誰かに代わって受領してもらう場合には，裏面の委任欄に代理人の名前，自分の住所氏名を記載します。

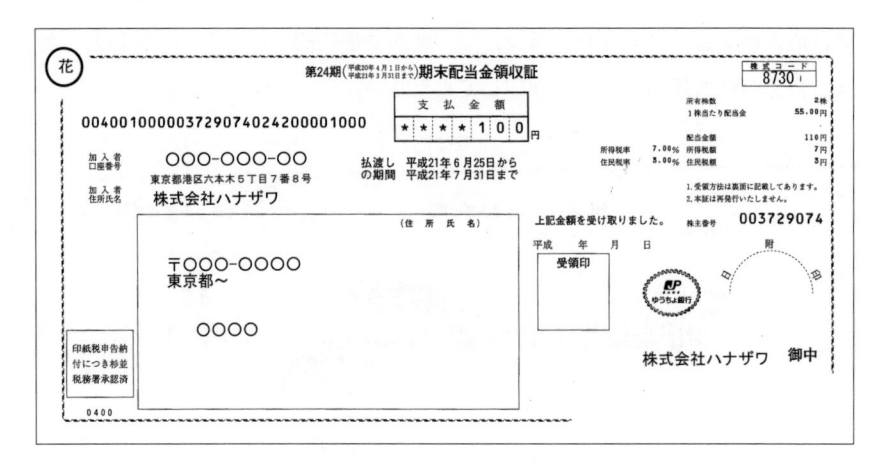

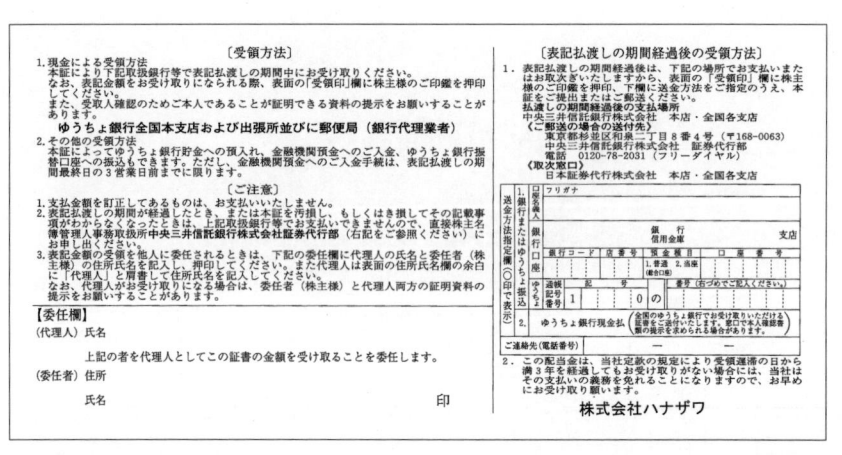

【花】 第24期(平成20年4月1日から平成21年3月31日まで)期末配当金領収証　株主コード 8730

00400100000372907402420001000

		支払金額		所有株数	2株
加入者口座番号	○○○-○○○-○○	＊＊＊100円		1株当たり配当金	55.00円
	東京都港区六本木5丁目7番8号	払渡しの期間 平成21年6月25日から 平成21年7月31日まで		配当金額	110円
加入者住所氏名	株式会社ハナザワ		所得税率 7.00% 所得税額	7円
			住民税率 3.00% 住民税額	3円

※配当金は表面に記載してあります。
本証は再発行いたしません。

（住所氏名）

〒○○○-○○○○
東京都～

○○○○

上記金額を受け取りました。
平成　年　月　日
受領印

株主番号　003729074

ゆうちょ銀行

株式会社ハナザワ　御中

印紙税申告納付につき杉並税務署承認済
0400

〔受領方法〕

1. 現金による受領方法
本証により下記取扱銀行等で表記払渡しの期間中にお受け取りください。
なお、表記金額をお受け取りになられる際、表面の「受領印」欄に株主様のご印鑑を押印してください。
また、受取人確認のためご本人であることが証明できる資料の提示をお願いすることがあります。
ゆうちょ銀行全国本支店および出張所並びに郵便局（銀行代理業者）

2. その他の受領方法
本証によってゆうちょ銀行貯金への預入れ、金融機関預金へのご入金、ゆうちょ銀行振替口座への振込もできます。ただし、金融機関預金へのご入金手続は、表記払渡しの期間最終日の3営業日前までであることに限ります。

〔ご注意〕

1. 支払金額を訂正してあるものは、お支払いいたしません。
2. 表記払渡しの期間が経過したとき、または本証を汚損し、もしくは損いしてその記載事項が払わからなくなったときは、上記取扱銀行でお支払いできませんので、直接株主様のご印鑑を押印の上、下欄に送金方法をご指定のうえ、本証を証券代行事務取扱所中央三井信託銀行株式会社証券代行部（右記をご参照ください）にお申し出ください。
3. 表記金額の受領を他人に委任されるときは、下記の委任欄に代理人の氏名と委任者（株主様）の住所氏名を記入し、押印してください。また代理人は表面の住所氏名欄の余白に「代理人」と肩書して住所氏名を記入してください。
なお、代理人がお受け取りになる場合は、委任者（株主様）と代理人両方の証明資料の提示をお願いいたすことがあります。

【委任欄】

（代理人）氏名

上記の者を代理人としてこの証書の金額を受け取ることを委任します。

（委任者）住所

氏名　　　　　　　　　　　　　　印

〔表記払渡しの期間経過後の受領方法〕

表記払渡しの期間経過後は、下記の場所でお支払いいたしますから、表面の「受領印」欄に株主様のご印鑑を押印、下欄に送金方法をご指定のうえ、本証をご提出またはご郵送ください。
払渡しの期間経過後の支払場所
中央三井信託銀行株式会社　本店・全国各支店
〈ご郵送の場合の送付先〉
東京都杉並区和泉二丁目8番4号（〒168-0063）
中央三井信託銀行株式会社　証券代行事務局
電話　0120-78-2031（フリーダイヤル）
〈取次窓口〉
日本証券代行株式会社　本店・全国各支店

送金方法指定印	フリガナ					
	口座名義人					
	送金方法の指定	ゆうちょ銀行 普通・振込	銀行信用金庫			支店
		銀行コード 店番号 預金種目 口座番号				
			1		0	
	ゆうちょ銀行現金払					
ご連絡先（電話番号）						

2. この配当金は、当社定款の規定により配当運選の日から満3年を経過してもお受け取りがない場合には、当社はその支払いの義務を免れることになりますので、お早めにお受け取り願います。

株式会社ハナザワ

⑱ マイホーム購入時の委任状

　不動産を夫婦で購入することにしたけれど，売買契約の日に一方の都合が悪く行けない場合などは，もう片方に売買契約締結について委任することになります。その場合の委任状例は，つぎのとおりです。

委　任　状

神奈川県川崎市砂子１丁目２番地３
　　　　　虎山寅吉
私は上記の者を代理人と定め，下記の権限を委任します。

記

下記不動産を購入するための，売買契約の締結などに関する一切の権限を委任します。

以上

平成○年○月○日
　東京都港区南麻布８丁目７番30号
　　花沢花子　㊞

不動産の表示
　　横浜市中区相生一丁目245番３の土地

　この例は，購入する不動産や価格が決まっていて，後は契約を締結するだけという場合を想定していますが，これから条件を交渉するときは，もう少し細かく委任事項を記載しましょう。

(例)
　下記不動産を購入するための，売買契約の締結などに関する一切の権限を委任します。ただし，次の条件に沿った内容の売買契約の締結についてに限ります。
　【条　件】
　購入価格　金4000万円以内
　残代金支払い時期　平成25年２月〜同年３月末の範囲内

　通常，不動産を購入する場合は，売買契約締結時に手付金を支払い，後日残代金を清算するのと引換えに登記名義を変更する手続きをします。その残代金決済の日に立ち会うことができない場合は，当日の手続きを誰かに委任する必要があります。

委　任　状

神奈川県川崎市砂子１丁目２番地３
虎山寅吉
私は上記の者を代理人と定め，下記の権限を委任します。

記

平成○年○月○日付不動産売買契約書に基づく，下記記載の不動産に関する次の事項を含む一切の件
　１．所有権移転登記関係書類授受の件
　１．売買代金（残代金など）受領の件
　１．上記書類に関する署名捺印の件
　１．対象不動産の引渡し，鍵の引渡しの件

> 1．その他これに付随する一切の権限
>
> 　　　　　　　　　　　　　　　　　　　　　　　　　　以上
>
> 平成○年○月○日
> 　東京都港区南麻布8丁目7番30号
> 　花沢花子　㊞
>
>
> 不動産の表示
> 　横浜市中区相生一丁目245番3の土地

　そして，不動産の名義を買主に変更する手続きを司法書士に依頼する場合にも，委任状が必要となります。

> 　　　　　　　　　　委　任　状
>
> 　　　　　　神奈川県川崎市砂子1丁目2番地3
> 　　　　　　　　司法書士　　虎山寅吉
> 　私は上記の者を代理人と定め，下記の権限を委任します。
>
> 　　　　　　　　　　　　記
> 1．平成24年3月4日付登記原因証明情報に記載のとおりの所有権移転
> 　　登記を申請する一切の権限
> 2．平成24年3月4日付登記原因証明情報に記載のとおりの抵当権設定
> 　　登記を申請する一切の権限
> 3．登記識別情報の受領及び暗号化に関する権限
> 　　　　　　　　　　　　　　　　　　　　　　　　　　　以上

平成○年○月○日
　東京都港区南麻布8丁目7番30号
　花沢花子　㊞

　登記原因証明情報というのは，どういう理由で登記をするのかがわかる書面です。1の所有権移転登記（売主から買主へ名義を変更する登記）の場合には売買契約書，2の抵当権設定登記（ローンの登記）の場合には，金融機関の定形の抵当権設定契約証書がそれにあたります。売買契約書には，売買代金等登記に必要のない個人情報も記載されていて，不都合なこともあるので，司法書士が用意した登記原因証明情報を利用する場合がほとんどです。

（司法書士が作成する売買で名義を変更するときの登記原因証明情報の例）

　　　　　　　　　　　登記原因証明情報
1．登記申請情報の要項
　　(1)　登記の目的　　所有権移転
　　(2)　登記の原因　　平成○年○月○日売買
　　(3)　当事者　　　　権利者（買主・甲）花沢花子

　　　　　　　　　　　義務者（売主・乙）○○○○

　　(4)　不動産　　　　横浜市中区相生一丁目2番3号
2．登記の原因となる事実又は法律行為
　　(1)　売買契約
　　　　　平成○年○月○日，売主（以下「乙」という。）は，その所有する本件不動産を買主（以下「甲」という。）に対し売り渡し，

甲はこれを買い受ける旨の契約を締結した。

(2) 所有権移転時期の特約
　　上記契約には，乙の目的不動産の所有権及び占有権は，売買代金全額の支払が完了した時に甲に移転する旨の特約が付されている。

(3) 売買代金の支払
　　甲は乙に対し，平成○年○月○日，売買代金全額を支払い，乙はこれを受領した。

(4) 所有権の移転
　　よって，本件不動産の所有権は本日，乙から甲に移転した。

平成○年○月○日　　横浜地方法務局　御中
上記の登記原因のとおり相違ありません。

　　　　　　　　　東京都港区南麻布8丁目7番30号
　　　　　　　　　買主　甲
㊞　　　　　　　　　　花沢花子　　　　　　㊞

　　　　　　　　　　○○○○○○
　　　　　　　　　売主　乙
㊞　　　　　　　　　　○○○○　　　　　　㊞

登記識別情報というのは，従来の権利証に代わるものです。登記をインターネット経由でできるようにするために，従来の紙の権利証の代わりに，登記識別情報という，12桁の英数字を組み合わせた暗証番号を法務局からもらうことになりました。

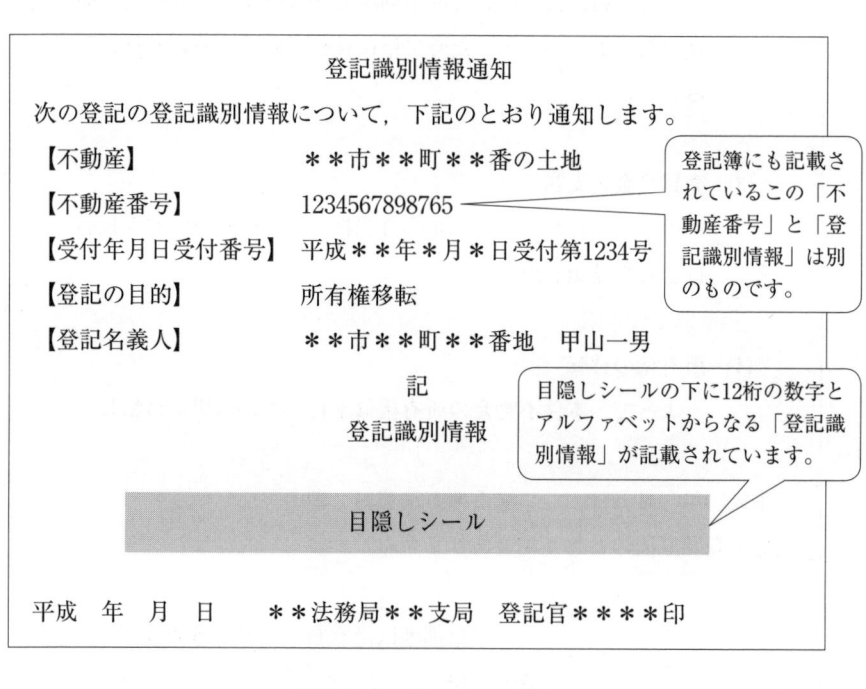

```
                  登記識別情報通知
次の登記の登記識別情報について，下記のとおり通知します。
　【不動産】　　　　　＊＊市＊＊町＊＊番の土地
　【不動産番号】　　　1234567898765
　【受付年月日受付番号】平成＊＊年＊月＊日受付第1234号
　【登記の目的】　　　所有権移転
　【登記名義人】　　　＊＊市＊＊町＊＊番地　甲山一男
                         記
                    登記識別情報

                　　目隠しシール

　平成　年　月　日　　＊＊法務局＊＊支局　登記官＊＊＊＊印
```

（吹き出し1）登記簿にも記載されているこの「不動産番号」と「登記識別情報」は別のものです。

（吹き出し2）目隠しシールの下に12桁の数字とアルファベットからなる「登記識別情報」が記載されています。

登記識別情報のイメージ

| X | S | 8 | − | I | P | O | − | 9 | 8 | J | − | Q | 2 | 1 |

　平成18年ごろから，インターネット経由の登記に対応した法務局から順に，登記識別情報通知を交付するようになりましたが，現在では，全国の法務局がインターネット経由の登記に対応していますので，これから所有者になる方には，登記識別情報通知が交付されます。この，登記識別情報を司法書士が代理して受領する場合には，特別な授権が必要になるため，3の委任事項が入っています。

登記識別情報の暗号化というのは，インターネット経由で登記を申請するときに，登記識別情報を法務局の公開鍵を使って暗号化して送信する作業のことをいいます。これについても，同様に特別な授権が必要となります。

たとえば，抵当権を設定するには，所有者の登記識別情報を所有者本人確認のために，提出しなくてはなりません。秘密性を保持するため，窓口で紙の申請書を申請する場合には，登記識別情報を封筒に入れて提出しますが，インターネット経由で提出するときは，封筒代わりに暗号化という形で簡単には情報が洩れないようしているのです。

⑲ 会社登記の委任

会社を設立したとき，役員や目的を変更したり，会社合併や解散をしたときは，その旨の登記を，本店所在地を管轄する法務局に申請する必要があります。その手続きを司法書士に委任する場合の委任状です。

委 任 状

神奈川県川崎市砂子１丁目２番地３
司法書士　虎山寅吉

私は上記の者を代理人と定め，下記の権限を委任します。

記

1．下記の登記申請に関する一切の権限
2．下記の登記申請に関する添付書類の原本還付請求並びにその受領に関する一切の権限
3．添付書類及び本件登記申請委任状の訂正，補充，本件登記申請の補正に関する権限
4．登記申請の内容
　　取締役，代表取締役及び監査役の変更

〔その他の例〕
　　商号変更
　　目的変更
　　本店移転
　　平成○年○月○日住所移転による，代表取締役○○の住所変更
　　　新住所　　○○〜
　　株式会社設立

　　平成○年○月○日
　　東京都港区六本木五丁目7番8号
　　株式会社ハナザワ
　　　代表取締役　花沢花子　㊞ ＜ 必ず会社実印で押印します。

　原本還付請求というのは，株主総会議事録等を原本とコピーを提出し，法務局がその2つを照合した後，原本を返却してもらう手続きです。

⑳　会社の印鑑登録

　会社を設立したときは，会社の実印として使用する印鑑を法務局に登録しなくてはなりません。代表取締役が変更したときも，従来の代表取締役が使用していた印鑑をそのまま会社実印として使用する場合でも，新任の人が，自分が使う会社実印として改めて登録する必要があります。
　この登録は，会社設立登記や代表取締役変更登記と同時にすることになります。登記手続きを受任している司法書士が代理して登録する場合には，委任状が必要となります。この委任状は印鑑届出書と一体となっている定形の様式がありますので，そちらを利用してください。

Part 2　委任状のひな形

印鑑（改印）届書

※ 太枠の中に書いてください。

（注1）(届出印は鮮明に押印してください。)	商号・名称	株式会社ハナザワ
（印影：肉球） *会社実印として使用する印鑑	本店・主たる事務所	東京都港区六本木五丁目7番8号
	印鑑提出者 資格	代表取締役・取締役・代表理事 理事・（　　　　）
	氏名	花沢花子
	生年月日	明・大・昭・平・西暦 ○年7月3日生

（注2）
□ 印鑑カードは引き継がない。
□ 印鑑カードを引き継ぐ。
　印鑑カード番号＿＿＿＿＿＿＿＿＿＿＿＿
　前任者＿＿＿＿＿＿＿＿＿＿＿

会社法人等番号　0110-56-8730

届出人（注3）　□ 印鑑提出者本人　☑ 代理人

住所	神奈川県川崎市砂子1丁目2番地3	（注3）の印 （印影：虎） *代理人の印鑑
フリガナ 氏名	虎山寅吉	

委任状

私は,（住所）　神奈川県川崎市砂子1丁目2番地3
　　（氏名）　虎山寅吉
を代理人と定め，印鑑（改印）の届出の権限を委任します。

平成 ○年 ○月 ○日　　　*花子の個人実印

住所　東京都港区南麻布8丁目7番30号　（印影：花）印　[市区町村に登録した印鑑]
氏名　花沢花子

□ 市区町村長作成の印鑑証明書は，登記申請書に添付のものを援用する。（注4）

（注1）　印鑑の大きさは，辺の長さが1cmを超え，3cm以内の正方形の中に収まるものでなければなりません。
（注2）　印鑑カードを前任者から引き継ぐことができます。該当する□にレ印をつけ，カードを引き継いだ場合には，その印鑑カードの番号・前任者の氏名を記載してください。
（注3）　本人が届け出るときは，本人の住所・氏名を記載し，市区町村に登録済みの印鑑を押印してください。代理人が届け出るときは，代理人の住所・氏名を記載し，押印（認印で可）し，委任状に所要事項を記載し，本人が市区町村に登録済みの印鑑を押印してください。
（注4）　この届書には作成後3か月以内の**本人の印鑑証明書**を添付してください。登記申請書に添付した印鑑証明書を援用する場合は，□にレ印をつけてください。

印鑑処理年月日				
印鑑処理番号	受　付	調　査	入　力	校　合

（乙号・8）

会社の実印として登録する印鑑を左上部に押印し，委任状欄には代表者の個人実印を押印します。代表者の個人の印鑑証明書も必要となります。

　会社の実印として使用する印鑑については，大きさの制限（1㎠以上，3㎠以内）はありますが，どのような模様・文字をしなくてはならないという制限はありませんので，模様等でも実印登録は可能です。通常は二重枠の外周に会社名，中には代表取締役印，と記載された丸い印鑑を使用します。

　改印届をしたい場合も同じ様式の印鑑届出書が使用できますので，改印手続きを誰かに委任する場合には，委任状欄への記載が必要です。代表者自身が手続きする場合には，届出人のところへ自分の住所氏名を記載し，その横へ個人実印を押印すればよく，委任状欄への記載・押印は不要です。

　印鑑を登録すると，会社の実印についての印鑑証明書を取得することができます。

　会社の印鑑証明書は，つぎのようなものです。

　この印鑑証明書を取得するには，役所で個人の印鑑証明書を取得するときと同様に，印鑑カードが必要になります。本人に代わって代理人が，印鑑カードの交付を受ける場合にも定形の委任状が必要となります。

印 鑑 証 明 書

会社法人等番号　0110-56-8730

商　号　　株式会社ハナザワ
本　店　　東京都港区六本木5丁目7番8号
　　　　　代表取締役　花沢花子
　　　　　昭和〇年7月3日　生

これは提出されている印鑑の写しに相違ないことを証明する。
　　　　平成25年〇月〇日
　東京法務局渋谷出張所
　登記官　　　　　　　　　　〇〇〇〇　　印

印鑑カード交付申請書

※ 太枠の中に書いてください。

（地方）法務局　　支局・出張所　　平成　　年　　月　　日　申請

照合印

（注1）登記所に提出した印鑑の押印欄	商号・名称	株式会社ハナザワ
	本店・主たる事務所	東京都港区六本木五丁目7番8号
	印鑑提出者 資格	代表取締役・取締役・代表理事・理事・（　　）
	氏名	花沢花子
（印鑑は鮮明に押印してください。）	生年月日	明・大・昭・平・西暦　　○年　7月　3日
	会社法人等番号	0110-56-8730

申　請　人（注2）　□ 印鑑提出者本人　☑ 代理人

住　所	神奈川県川崎市砂子一丁目2番地3	連絡先	1 勤務先　2 自宅 電話番号 ○○○-○○○-○○○○
フリガナ 氏　名	虎山寅吉		

委　任　状

私は、（住所）神奈川県川崎市砂子一丁目2番地3
　　　（氏名）虎山寅吉
を代理人と定め、印鑑カードの交付申請及び受領の権限を委任します。

平成　○年　○月　○日

住　所　東京都港区六本木五丁目7番8号
　　　　株式会社ハナザワ
氏　名　代表取締役　花沢花子

（登記所に提出した印鑑）

（注1）　押印欄には、登記所に提出した印鑑を押印してください。
（注2）　該当する□にレ印をつけてください。代理人の場合は、代理人の住所・氏名を記載してください。その場合は、委任状に所要事項を記載し、登記所に提出した印鑑を押印してください。

交付年月日	印鑑カード番号	担当者印	受領印又は署名

（乙号・9）

この場合は，左上部にも，委任状欄にも会社実印を押印します。

個人の印鑑カードと同様，会社の印鑑カードを持っている人は，委任状がなくても会社の印鑑証明書を取得できますので，管理には注意してください。

委任状の中には，決まった様式のものへの記載を求められるものもあります。内容がきちんと全部記載されていれば，別途の形式でも有効は有効ですが，書き洩らしなどがあるかもしれませんので，既に用意されてあるものを利用する方が簡便でしょう。また，戸籍取得の委任状などは，市区町村のホームページに記載されていることもありますので，それらを利用するのもよいでしょう。いずれの場合も，内容をよく確認してから，署名押印するようにしてください。

㉑ 税務申告代理

相続税や贈与税の申告，個人事業をしているかたの所得税の申告，会社の法人税の申告を税理士へ委任した場合は，委任状が必要となります。

税理士に相続税の申告を委任した場合の委任状です。

| 受付印 | | | ※整理番号 | |

平成〇年〇月〇日
　麻布税務署長　殿

税 務 代 理 権 限 証 書

税理士又は税理士法人	氏名又は名称	〇〇〇〇
	事務所の名称及び所在地	税理士の住所 　　　　　　　　　　　電話（　　）　－ 連絡先［　　　　　　　　　　　　　　　　　］ 　　　　　　　　　　　電話（　　）　－
	所属税理士会等	東京　税理士会　　　支部　登録番号等　第　　号

上記の　税理士／税理士法人　を代理人と定め、下記の事項について、税理士法第2条第1項第1号に規定する税務代理を委任します。
　　　　　　　　　　　　　　　　　　　　　　　　　　　　　　平成　年　月　日

依頼者	氏名又は名称	花沢花子　　　　　　　　　　　　　　　　㊞
	住所又は事務所の所在地	東京都港区南麻布8丁目7番30号 　　　　　　　　　　電話（　03　）2222　－　2222

1 税務代理の対象に関する事項

税　目	（　相　続　）税	（　　　　　）税	（　　　　　）税
年分等	平成　　年分（年度） 自 平成　　年　月　日 至 平成　　年　月　日 （平成〇年〇月〇日相続開始）	平成　　年分（年度） 自 平成　　年　月　日 至 平成　　年　月　日 （　　　　　　　　）	平成　　年分（年度） 自 平成　　年　月　日 至 平成　　年　月　日 （　　　　　　　　）

2 その他の事項

被相続人　花沢　勝夫　の相続税申告に関する一切の件

| ※事務処理欄 | 部門 | | 業種 | | 他部門等回付 | ・・（　）部門 |

何を委任するかにより，1，2の記載事項は変わってきます。個人の所得税の申告を委任するときは，このようになります。

1．税務代理の対象に関する事項			
税　目	（　**所　得**　）税	（　**消　費**　）税	（　　　　　）税
年 分 等	平成 24 年分(年度)	平成 24 年分(年度)	平成　　年分(年度)
	自 平成　　年　月　日 至 平成　　年　月　日 （　　　　　　　）	自 平成　　年　月　日 至 平成　　年　月　日 （　　　　　　　）	自 平成　　年　月　日 至 平成　　年　月　日 （　　　　　　　）

「2　その他の事項」への記載は不要です。個人の所得の場合は法人税と異なり，一律で12月締めになっているため，自，至とも空欄で構いません。

税理士法第2条第1項第1号というのは，「税理士は他人の依頼に応じて税務代理ができますよ」と規定してあるものです。税務代理をできる人は，税理士資格がある人に限られています。

㉒　公正証書作成の委任状

公証役場で書類を作りたいけれど，時間がないので自分ではいけないときなどは，代理人に手続きをお願いすることができます。ただし，遺言を公正証書で作成する場合は，代理人に手続きを委任することはできないので，公証役場に行けない場合には，公証人に自宅や病院に出張してもらいましょう。

委　任　状

神奈川県川崎市砂子1丁目2番地3
虎山寅吉

私は上記の者を代理人と定め，下記の権限を委任します。

　　　　　　　　　　　記
1．別紙記載の契約条項について，公正証書の作成を嘱託すること及び
　これに関連する一切の事項
2．上記公正証書に強制執行認諾文言を付すること
3．上記公正証書の執行分付与・送達に関する一切の事項
　　　　　　　　　　　　　　　　　　　　　　　　　　以上

平成○年○月○日
東京都港区南麻布8丁目7番30号
職業　会社員
生年月日　昭和○年○月○日
　　花沢花子　㊞

必ず実印で押印して，発効日から3か月以内の印鑑証明書を添付します。
委任状を一枚目にして，その後に契約条項をつけて，各ページの間に割印（ページをまたぐように押印）を実印でするか，袋綴じして綴目に割印します。
2の強制執行認諾文言については，民事執行法第22条5号に規定があります。

（債務名義）
民事執行法第22条　強制執行は，次に掲げるもの（以下「債務名義」という。）により行う。
　一～四　略
　五　金銭の一定の額の支払又はその他の代替物若しくは有価証券の一定の数量の給付を目的とする請求について公証人が作成した公正証書で，債務者が直ちに強制執行に服する旨の陳述が記載されているもの（以下「執行証書」という。）

たとえば，30万円借りてそれを分割で毎月3万円支払います，大型のコピー機をリースしたので毎月2万円支払います，これから離婚し子供は妻が育てるので，夫は毎月3万円を養育費として支払います，こういった内容の契約を公正証書で作る場合に強制執行認諾文言を入れておくと，お金を回収する側に，メリットがあります。

通常，支払いをしなくなった債務者の預貯金や不動産を差押え（強制執行）するには，裁判で勝訴するなど，確かにお金を貸した側に回収する権利があることを確認する手続きが必要となりますが，強制執行認諾文言のある公正証書があれば，もし支払いをしなくなった場合には，裁判をすることなくただちに，相手の財産に強制執行（差押え）することができます。

以前は，貸金業者がお金を借りた人（債務者）から強い立場を利用して，お金を貸すときに，借用証書と共に白紙委任状をもらって，借用証書を，強制執行認諾文言のある公正証書で作成していました。その場合に債務者が支払いができなくなると，ただちに預貯金や給与債権を差し押さえられるなど，過剰な取立てが問題になっていました。

そこで，平成19年12月19日から貸金業法が改正され，貸金業者がからむ強制執行認諾文言付公正証書を安易には作成できないようにされました。

強制執行認諾文言付公正証書の作成について

	貸金業者が公証人に作成を依頼すること	貸金業者が強制執行認諾文言付公正証書作成の委任状を受領すること	貸金業者に委任せず,借主や保証人本人が公証役場に赴き作成すること
利息制限法で定める利息・損害金の約束がある金銭消費貸借契約,保証契約	×	×	
利息制限法で定める利息・損害金の範囲内の金銭消費貸借契約,保証契約	○	×	○
強制執行認諾文言がない場合	○	○	○

　利息制限法で定める利息,損害金を超える利息,損害金を定めたお金の貸し借りや,その保証契約については,貸金業者は,強制執行認諾文言のある公正証書の作成を依頼できなくなりました。利息制限法で規定する制限内の利息・損害金を定めた場合でも,貸金業者は,借主より強制執行認諾文言付公正証書を作成するための委任状をもらってはいけないことになりました（強制執行認諾文言のないものならば,委任状を受領できます）。

㉓　訴訟委任状

　弁護士や司法書士（簡易裁判所の管轄の事件のみ）に,自分の代わりに法廷に立ってほしい場合は,訴訟についての委任状が必要となります。

訴訟委任状

東京都～
　○○弁護士会所属　弁護士　虎山寅吉
　電話　03（○○○○）○○○○

ＦＡＸ　03（〇〇〇〇）〇〇〇〇

私は上記の者を訴訟代理人と定め，下記の事件に関する次の権限を委任します。

記

【事　件】
1．相手方　被告　〇〇〇〇
2．裁判所　〇〇地方裁判所
3．事件の表示　請負代金請求事件

【委任事項】
1．原告がする一切の行為を代理する権限
2．反訴の提起
3．訴えの取下げ，和解，請求の放棄若しくは認諾又は訴訟参加若しくは訴訟引受けによる脱退
4．控訴，上告若しくは上告受理の申立て又はこれらの取下げ
5．手形訴訟，小切手訴訟又は少額訴訟の終局判決に対する異議の取下げ又はその取下げについての同意
6．復代理人の選任

以上

平成〇年〇月〇日
東京都港区南麻布8丁目7番30号
花沢花子　㊞

2．葬儀の手配などを委任したい（死後の事務委任契約）

　日本は，高齢化社会に突入しています。現在ご高齢の方は，比較的兄弟姉妹も多く，子供も沢山いる世代の方だと思っていましたが，成年後見人をしていると，身寄りのない方，いても遠方で疎遠な方などが多いように感じています。少子化の時代ですので，今後の高齢世帯には，どんどん身寄りのない方が増えることが予想されます。自分の葬儀をお願いできる人がいない，いても遠方ですぐにはできない，自分の望みどおりの葬儀などをしてほしいといったときにも委任契約が活用できます。

　葬儀，法要，埋葬，自宅の荷物の処分，関係者への連絡などを委任する契約を，死後の事務委任契約といいます。

　任意後見契約といって，判断能力がしっかりしているときに，もし将来認知症になったら，本来は自分ですべき財産管理や契約等を代わってやってくださいね，その報酬としていくら払いますよ，と約束する契約があります。その契約のご説明に伺うと，もし認知症になったらということより，必ず訪れるご自分の死後の後始末の方を気にされている方が多いのを強く感じます。

　ところで，Part 1の3（6ページ）で，委任は委任者の死亡によって終了する，とご説明しました。せっかく死後の事務委任契約をしてあったのに，委任者がいざ亡くなったら契約は終了で委任したことを受任者はできなくなってしまうのでしょうか？

　これについては，判例（最高裁平成4年9月22日第三小法廷判決）で，委任者の死亡によっても死後の事務委任契約は終了させない旨の合意を内包する趣旨のものなので，委任契約は終了しない，と判断しています。

　この事例では，契約の効力を委任者の相続人が争いましたが，もし相続人が委任契約をいつでも解除できるとすると，委任者の死亡によっても契約が終了しない，とした意味がなく，また，葬儀の実施などは，何らかの形で最低限人が死んだときに保障されるべきものであり，死後の事務委任契約に基づく事務

処理が相当期間内に終了するものである限り，委任者の相続人の契約解除によって，委任契約は終了しない旨の合意も含まれていると考えられています。

他人に葬儀等をお願いするなんて，寂しい話だと思われる方もいらっしゃるかもしれませんので，私が関与させていただいた事例をご紹介します。とても仲よく頻繁に付き合いのある親族がいるものの，遠方の方ばかりだったので，いざというときに来てもらうのも時間がかかるし，土地勘のない街で葬儀等の手配をお願いするのも申し訳ない，と思っていた女性と，死後事務委任契約を締結したことがあります。

契約後数年して，残念ながらお亡くなりになった際，私がすべて契約の内容に沿った形でご葬儀の手配，ご親族への連絡をしました。遠方からお越しいただいたご親族の方からは，手配への感謝と，何よりも自分たちに負担にならないよう最後まで配慮したことに対する故人への称賛が聞かれ，大変心温まる思いがしました。

死後の委任事務契約の一例を載せますが，それぞれの事情，希望により内容を変更してください。

立つ鳥跡を濁さずのための委任状やな

よいせっ

花子は濁しまくってしかジャンプできないね…

死後の事務委任契約

平成○年○月○日

委任者（甲）東京都港区南麻布8丁目7番30号
　　　　　　花沢花子
受任者（乙）神奈川県川崎市砂子1丁目2番地3
　　　　　　虎山寅吉

委任者花沢花子（以下，「甲」という）と受任者虎山寅吉（以下，「乙」という）の間で，甲死亡後の事務に関して次のとおり委任契約を締結した。

> 花子が自分が死亡した後のことを寅吉に委任するものです

（契約の趣旨）
第1条　委任者甲と受任者乙との間で，甲死亡後の事務が速やかに滞りなく，甲の希望どおりに行われることを目的として，以下のとおり死後の事務委任契約を締結する。

（委任者の死亡による本契約の効力）
第2条　甲が死亡した場合でも，本契約は終了せず，甲の相続人は，委任者である甲の本契約上の権利義務を承継するものとする。

> 委任契約が，花子の死亡後も終了しないことを注記しておきます

　　2　甲の相続人は，前項の場合において，第11条記載の事由がある場合を除き，本契約を解除することはできない。解除権行使の際は，甲は，自己の相続人の手を煩わせることを案じて本契約を締結するものであることを斟酌すること。

（委任事務の範囲）
第3条　甲は，乙に対し，甲の死亡後における次の事務（以下，「本件死後事務」という。）を委任する。

① 菩提寺，親族等関係者への連絡事務
② 葬儀，火葬，納骨，埋葬，永代供養に関する事務
③ 老人ホーム入居一時金等の受領に関する事務
④ 医療費，老人ホーム等の施設利用料その他一切の債務弁済事務
⑤ 家財道具や生活用品の処分に関する事務
⑥ 行政官庁等への諸届け事務
⑦ 以上の各事務に関する費用の支払い

2　甲は，乙に対し，前項の事務処理をするにあたり，乙が復代理人を選任することを承諾する。

> 復代理人というのは，代理人の代理人です。寅吉が自分でできないときは，代理人に本件死後事務のことを委任してもいいですよ，という意味です。

（連絡）

第4条　甲が死亡したことを乙が知ったときは，別紙連絡先リストの人に，遅滞なく連絡しなければならない。別紙連絡不要リストの人には，連絡をしてはならない。

（葬儀）

第5条　第3条第1項第2号の葬儀は，平成○年○月○日に葵葬祭（神奈川県川崎市○○○丁目○番○号　電話○○○―○○○―○○○○）の○○さんと甲が下記のように打ち合わせをしたので，そのとおりに執り行うものとする。

① 読経は甲の菩提寺である○○寺（神奈川県川崎市○○○丁目○番○号　電話○○○―○○○―○○○○）のご住職に依頼する。
② 骨壺，棺は一番安いもので構わない。
③ 白中心の花祭壇にする。
④ 遺影，戒名，位牌は不要

⑤ 棺には，紺地に牡丹の着物一揃いと蘭の花をいれる。
⑥ 上記に関する費用は，金○円との見積りを葵葬祭からもらっているが，社会情勢，物価の変動があれば，連動する程度での変更は構わない。

> 葬儀費用は骨壺の値段1つをとってもピンキリです。できたら元気な時に葬儀場と打合せをし，どのような祭壇にするか等を決め，見積りをいただいておくと，委任された人もいざ葬儀をするときに迷わなくてすみます。事前に打ち合わせができない場合には，次のように規定しておきましょう。

第5条　第3条第2項の葬儀は，甲に応分の会場で行う。
2．甲の葬儀での読経は次の寺に依頼する。
　○○寺（神奈川県川崎市○○○丁目○番○号　電話番号○○○―○○○―○○○○）
3．前2項に要する費用は，金○円を上限とする。

（永代供養）
第6条　第3条第1項第2号の納骨及び埋葬は，前条の○○寺にて行う。
　　　2　第3条第1項第2号の永代供養は，前項の場所にて行う。ただし，永代供養に関する事務は前項の寺に依頼することをもって終了する。
　　　3　前2項に要する費用は，金○○○○円を上限とする。

> 永代供養については，元気な時にお寺に面識を得ておくことをお勧めします。縁もゆかりもない方の遺骨を永代供養で受け入れてくれるお寺は少ないので。

（預託金の授受）
第7条　甲は，乙に対し，本契約締結時に，本件死後事務を処理するために必要な費用及び乙の報酬に充てるために，金○万円を預託する。
　　　2　乙は，甲に対し，前項の預託金（以下「預託金」という。）について預かり証を発行する。

3 預託金には,利息をつけない。

> 死後事務の費用,報酬をどう渡すか,という問題があります。乙が立て替えて,後日相続人に請求する,という方法もありますが,葬儀費用は数十万～何百万もかかることが予想されます。立て替えてもらうのは乙の負担となりますし,万が一相続人とトラブルが生じ,立替金を清算してもらうのに時間がかかったりすると大変です。乙に安心して本件死後事務をしてもらうためには,事前に乙に相当額を預けておくか,乙に多額の現金を預けるのが不安な場合は,信託を利用するのも1つの手です。事前に死後事務に必要な財産を相続財産と分離して,信託財産として信託銀行に預け,甲が死亡した後は,葬儀費用などがそこから支払われるという信託の仕組みもあるようです。

(費用の負担)

第8条　本件死後事務を処理するために必要な費用は,甲の負担とし,乙は,預託金からその費用の支払いを受けることができる。

(報酬)

第9条　甲は,乙に対し,本件死後事務の報酬として,金○万円(消費税別)を支払うものとし,本件死後事務終了後,乙は預託金からその支払を受けることができる。

(契約の変更)

第10条　甲又は乙は,甲の生存中,いつでも本契約の変更を求めることができる。

(契約の解除)

第11条　甲又は乙は,甲の生存中,次の各号の一に該当する事由が生じたときは,本契約の解除することができる。

① 乙が甲からの預託金を故意又は過失により毀損し,その他乙の行為が甲に対して不法行為を構成し,そのために乙との信頼関係が失われたとき

② 乙が健康を害する等,死後事務処理をすることが困難な状態になったとき

③　経済情勢の変動など本契約を達成することが困難な状態になったとき

（契約の終了）

第12条　本契約は，次の場合に終了する。

　　　　①　乙が死亡し又は破産手続き開始の決定を受けたとき
　　　　②　乙が後見，保佐又は補助開始の審判を受けたとき

（預託金の返還，精算）

第13条　本契約が第11条（契約の解除）又は第12条（契約の終了）により終了した場合，乙は預託金を甲に返還する。

　　2　本件死後事務が終了した場合，乙は預託金から費用及び報酬を控除し残余金があれば，これを遺言執行者又は相続人若しくは相続財産管理人に返還する。

（保管義務）

第14条　乙は，甲に対し，1年ごとに，預託金の保管状況について書面で報告する。

　　2　乙は，甲の請求があるときは，速やかにその求められた事項につき報告する。

　　3　乙は，遺言執行者又は相続人又は相続財産管理人に対し，本件死後事務終了後1か月以内に，本件死後事務に関する次の事項について書面で報告する。

　　　　①　本件死後事務につき行った措置
　　　　②　費用の支出及び使用状況
　　　　③　報酬の収受

（守秘義務）

第15条　乙は，本件死後事務に関して知り得た甲の秘密を，正当な理由なく第三者に漏らしてはならない。

（協議）
第16条　本契約に定めのない事項及び疑義のある事項については，甲乙協議のうえこれを定める。

（免責）
第17条　乙は本契約の条項に従い，善良な管理者の注意を怠らない限り，甲に生じた損害について責任を負わない。

以上の契約を証するため，本契約書を2通作成し，甲・乙が署名押印の上，各自その1通を所持する。

　　　　委任者（甲）
　　　　　　住　所　_____

　　　　　　氏　名　_____　印

　　　　受任者（乙）
　　　　　　住　所　_____

　　　　　　氏　名　_____　印

> **コラム**

　死後の事務委任契約の一例は，親しい友人等に，死後の事務のみを委任する場合を想定したものですが，私が契約をする場合は，いつ亡くなったかの連絡が確実に伝わる手段がないので，それだけではお引き受けしていません。

　自分の老後をしっかり計画したい方，頼れる親族が身近にいない方などにお勧めしているのが，つぎの3つの契約と，必要に応じて遺言です。

　① 見守り契約及び財産管理等委任契約
　② 任意後見契約
　③ 死後の事務委任契約
　④ 必要に応じて遺言

見守り契約

　将来認知症になった場合に備えて，財産管理をする予定の司法書士と任意後見契約をした場合は，定期的に司法書士は連絡をし，相談などに乗ります。これにより，互いに理解を深め信頼関係を築き，随時連絡をすることで，適正な時期に任意後見の効力を生じさせることを可能にしています。

財産管理等委任契約

　判断能力はしっかりしていても，少し難しい法律のことを手伝ってもらいたいとき，入院などで体が動かなくなったときに，自分の代わりに預貯金の管理などを依頼する契約です。

任意後見契約

　将来認知症になったときなどに備えて，生活，療養監護，財産管理に関することについて，自分に代わってやってもらう人（「任意後見人」といいます）を決めておく契約です。この契約は必ず公証人が作成する「公正

書」でします。

　認知症になった場合には，任意後見人は家庭裁判所に「任意後見監督人」という任意後見人を監督する人の選任をしてもらいます。任意後見監督人が選任されると任意後見契約の効力が生じ，あらかじめ定めておいた療養監護，財産管理を開始します。

　このように，司法書士は委任者がしっかりされているときは定期連絡で見守りをし（見守り契約），必要があれば預貯金の管理等をする（財産管理等委任契約），そして認知症になった場合には任意後見人として財産管理や，契約を代理してする（任意後見契約）。亡くなった場合には，死後の事務委任契約をしてあれば，それに沿ったご葬儀などをすることで，色々な事態に対応できるようにしてあります。

> **コラム**
>
> 　委任状のひな形としてご紹介したものは，差し入れ形式（委任者だけの署名押印のみ。受任者の義務だけ記載されていて，対応する委任者の義務の記載がないもの）でしたが，死後の委任事務契約は，双方の署名押印があり，双方の権利義務の記載があります。
>
> 　差し入れ形式で作成してある委任状も，双方が署名押印する形式で作成しても構いませんが，たとえば，住民票を1通取ってきてください，という一度だけのごく単純な内容であれば，わざわざ双方が署名押印する形式でなくても，特段問題が生じる可能性が低いので差し入れ形式のものでよいでしょう。
>
> 　ただし，死後の委任事務契約のように，長期にわたり双方を拘束したり，その内容が複雑で，双方に権利義務が生じるときは（寅吉は，花子死後の葬式などをしなくてはいけない義務があり，その対価として報酬を受け取る権利がある。花子は死後の事をやってもらう権利があるが，報酬を支払う義務がある）双方が署名押印したものを2通作成して，各自が保管したほうがよいでしょう。

Part 3
委任状の How to

肩書　住所　日付

うーん

印鑑は実印？

どう記入するのが正しいんや？

1．委任状についての素朴な疑問

◆◇委任状は紙に書かなくてはいけないのでしょうか？◇◆

　民法では，「紙に書かなくても当事者の合意のみで成立する」となっています。ただ，現実には委任状を作成する場合がほとんどです。そうでないと，代理人にどのような権限があるのかわからず，取引をする相手は困ってしまうからです。

◆◇紙の種類や大きさの制限はあるのでしょうか？◇◆

　紙は何でも構いません。といってもトイレットペーパーのように保管上難点のあるものはお勧めできませんが，普通の紙であれば何でも大丈夫です。ちらしの裏紙でも構いませんが，委任事項は裏面に書いてあることまで及びますので，できましたら普通の白い紙を用意しましょう。

　大きさの制限もありません。世の中の流れでＡ４サイズを使っていることが多いように感じます。なお，２枚以上になる場合は，ホッチキスで綴じて，綴目のところへ割り印を，ページをまたぐ形で押印すれば，一体のものとして扱われます。

【各ページごとに割印する場合】

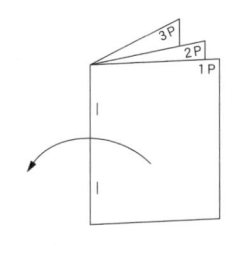

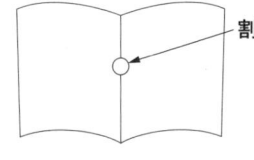

割　印
紙が重なっているところをまたぐように押印します。これにより1Pと2Pが一体のものとなります。2Pと3Pの間にも押印します

【袋とじの場合】

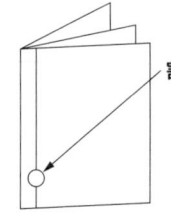

割　印
袋とじの場合は，割印はこちらの1か所にすれば大丈夫です。通常は裏表紙にしますが表表紙にしても構いません。

◆◇委任状は，パソコンなどで印字した内容でないとだめでしょうか？◇◆

そんなことはありません。全文手書きでも構いませんし，一部印字，一部手書きの箇所があっても大丈夫です。

◆◇委任状というタイトルでないとダメでしょうか？◇◆

タイトルが「委任状」でなくても，文章全体から委任していることがわかれば，問題はありません。ただし，誰がみてもすぐ委任状だとわかりやすくするために，できたらタイトルは「委任状」としたほうがよいでしょう。

2．委任状に記入してみよう

委任状を渡されて記入するときの注意点をまとめてみました。

◆◇筆記用具は鉛筆でもいいのですか？◇◆

鉛筆は，消しゴムで簡単に消えてしまいますので，ボールペンなどで記入をしてください。水性のものより，油性の筆記用具のほうがなお一層安心です。あってはいけないことですが，万が一水などをこぼしたときでも，油性のものならにじみませんので。消せるボールペンも使用しないほうがよいでしょう。消せる筆記用具で書いていた場合に，もし後日委任契約があったかどうかが争いになったとして，争いの相手の手元に委任状があると，相手方が年月日を変更してしまう等の改ざんをされたらたまりませんので。

◆◇住所は都道府県名から書くのでしょうか？◇◆

原則としては，都道府県名から書くべきです。ただし，横浜市や，福岡市などの政令指定都市の場合は，都道府県名を省略して「横浜市○○区〜」と書いても大丈夫です。東京都23区は特別区のため，東京都港区〜と書くのが正しい表記です。

都道府県が省略できる場合としては，たとえば，不動産の登記を司法書士に委任する場合に，不動産の所在地も，委任する人の住所も同じ都道府県ならば，都道府県名を省略できるときがありますが，省略してよいかどうか迷った場合は都道府県名から記載しましょう。

◆◇住所と地番は違うのでしょうか？◇◆

不動産の登記をしていると，よくご質問をいただきます。地番というのは，不動産固有の番号です。土地の登記簿謄本（全部事項証明書）をみると所在のところに「233番3」のように記載されています。不動産の登記簿は，明治時

代の土地台帳，家屋台帳に遡るほど歴史があります。大昔から使われている番号ですが，3番と2番の土地を合筆（1つの土地にする）して3番にしたり，逆に3番を2筆に分けて3番1，3番2にしたりすることもできるため，ときには4番の土地の隣に10番があるような不規則な状態の場所もあり，郵便配達には向いていません。そこで，きちんと郵便物を配達しやすくするため，住居表示に関する法律が，1962年5月10日に施行され，整然と配列された住所を，地番とは別に制定することになりました。

住居表示されていない地域は，住所＝地番となっていて，「〇〇市〇〇三丁目23番地4」のように「番地」で表示されます。一方，住居表示されている地域は，地番と住所が異なり，「〇〇市〇〇三丁目2番4号」のように，〜丁目〜号〜番で表示されます。住所の正しい表記は，住民票を取得すればわかります。

◆◇住所の記載は住民票どおりでないとダメですか？◇◆

地名は住民票どおりに書いてください。数字については，ハイホンを使用しても構いません。たとえば，住民票が「〇〇県〇〇市〇〇三丁目2番4号」の場合，丁目などを省略して「〇〇県〇〇市〇〇3-2-4」と書いても大丈夫です。

ちなみに，〜丁目については「三丁目」のように漢数字で記載するのが正しい表記です。自治体によっては，住民票を「3丁目」とアラビア数字で表記している場合もありますが，あくまでも正しい表記は「三丁目」のほうです。

◆◇氏名は通称でもいいのでしょうか？◇◆

通称の使用は，どういう立場で契約をするのかによります。仕事で旧姓を使用している方も増えてきていますが，仕事上の立場で委任する場合は通称，本人の立場ならば本名を記載してください。通称だけでは本人を特定するのに不足がある場合は，通称と本名を併記します。

◆◇連名で委任状を書いてもいいの？◇◆

BさんとCさんがAさんに同一内容のことを委任したい場合は，Aあての1枚の委任状にBとCが署名押印した委任状でも，BとC別々の委任状にしても，どちらの方法でも大丈夫です。

◆◇委任者の記載方法について◇◆

・個人の場合は，住所，氏名

> 東京都港区南麻布8丁目7番30号
> 花沢花子

・通称と本名を併記するとき（通称：白鳥花子，本名：花沢花子）

> 東京都港区南麻布8丁目7番30号
> 白鳥花子こと花沢花子

・会社の場合は，本店，商号，代表者
・株式会社

> 東京都港区六本木5丁目7番8号
> 株式会社ハナザワ
> 代表取締役　花沢花子

・有限会社

> 東京都港区六本木5丁目7番8号
> 有限会社ハナザワ
> 代表取締役　花沢花子（取締役が1名の場合は，取締役　花沢花子）

・合同会社―代表社員の場合

> 東京都港区六本木5丁目7番8号
> 合同会社ハナザワ
> 代表社員　花沢花子

・合同会社―職務執行者の場合

　合同会社を代表する社員（合同会社の出資者）が法人の場合は，自然人を職務執行者として選任する必要があり，委任状もつぎのような記載となります。

> 東京都港区六本木5丁目7番8号
> 合同会社ハナザワ
> 代表社員　株式会社○○
> 職務執行者　花沢花子

・一般社団法人の場合

> 東京都港区六本木5丁目7番8号
> 一般社団法人ハナザワ
> 代表理事　花沢花子

・NPO法人の場合

> 東京都港区六本木5丁目7番8号
> 特定非営利活動法人ハナザワ
> 理事　花沢花子

・成年後見人の場合

> 東京都港区南麻布8丁目7番30号（成年後見される人の住所）
> 花沢花子（成年後見される人の名前）
> 神奈川県川崎市砂子1丁目2番地3（花子をサポートする成年後見人の住所）
> **上記花沢花子成年後見人**　虎山寅吉（成年後見人の名前）

　このように肩書をつけます。補助人，保佐人の場合はそれぞれ「上記花沢花子補助人」「上記花沢花子保佐人」と変えてください。

・未成年者を親が代理する場合

> 東京都港区南麻布8丁目7番30号（子供の住所）
> 花沢きよら（子供の名前）
> 東京都港区南麻布8丁目7番30号（親の住所）
> 花沢きよら親権者　花沢勝男
> 東京都港区南麻布8丁目7番30号（親の住所）
> 花沢きよら親権者　花沢花子

　勝男，花子の住所がきよらと一緒の場合は，「最初に書いた歩と同じ住所ですよ」ともう少し簡単に表記することもできます。具体的には，つぎのとおりになります。

> ・きよらの住所が○○市○○三丁目2番1号のとき → 同所同番同号
> ・きよらの住所が○○市○○三丁目2番地1のとき → 同所同番地1
> 例）○○市○○三丁目2番地1　花沢きよら
> 　　　同所同番地1　花沢きよら親権者　花沢勝男
> 　　　同所同番地1　花沢きよら親権者　花沢花子

◆◇印鑑は必ず実印を押すのでしょうか？◇◆

　原則として，委任状と一緒に印鑑証明書の提出を求められる場合でなければ，認印で大丈夫です。たとえば，74～75ページにある不動産の名義変更を司法書士に依頼する場合の委任状ですが，売主は必ず実印で押印し，印鑑証明書を付けることが必要となります。

　ただし，銀行に対して預金者が代理人を立てる場合は，銀行印を押印するよう求められる等，ケースバイケースのこともありますので，注意してください。

◆◇何か所に押印するのでしょうか？◇◆

　必ず必要なのは，氏名や会社名の後に押印する1か所です。ページが複数枚になっている場合は，割印が必要になります。割印の方法としては，103ページの図のとおり2タイプあります。

　欄外に1か所押印してください，と言われることもあります。これは，捨印，訂正印と呼ばれるもので，委任状の文章を訂正する場合に使います。

◇◆委任状の訂正方法について◇◆

　委任状の内容や日付，住所などを間違えた場合の訂正方法は，2つあります。

(1) 訂正箇所に二重線を引いて，正しい記載をその上に記入し，二重線の上に押印します。押印は，その委任状に署名押印した人全員がします。印鑑は重ならないように押印してください。

　　ただし，自分の住所氏名を間違えた場合は，自分の印鑑だけで訂正でき，他の人の印鑑を押印してもらう必要はありません。

```
┌─────────────────────────────────────────────┐
│           委 任 状                            │
│                                              │
│                        権限                   │
│   私どもは次の者を代理人と定め，下記の権晊を委任します。│
│     ○○○……              ( Aの印 )( Bの印 )     │
│                                              │
│      年  月  日                              │
│           住所  ○○○○……                    │
│                 A                            │
│           住所  ○○○○……                    │
│                 B                            │
└─────────────────────────────────────────────┘
```

(2) 余白部分に印鑑を押して，その下に「○字削除○字加入」と記載します。これが，捨印，訂正印と呼ばれるものを利用した場合の訂正方法です。同じ文字数を削除・加入する場合，たとえば8字削除8字加入するときは，「8字訂正」と記載することもできます。

　訂正印については，専門家に委任する場合には，押印しておけば軽微な訂正にわずらわされることなく仕事を遂行してくれるメリットがあります。それ以外の場合，または専門家に依頼する場合であっても自分の知らないところで訂正をされたくない場合は，訂正印を押さなくても構いません。

```
        ㊞
      3字削除
      8字加入
```

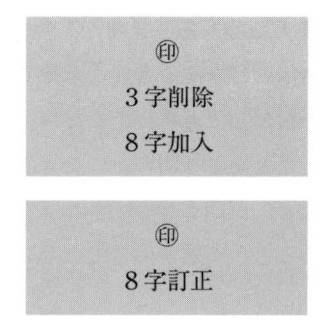

```
        ㊞
      8字訂正
```

◆◇日付について◇◆

　委任をした日付は，西暦，和暦のどちらでもいいので，必ず記載してください。

　（例）2012年3月4日，平成24年3月4日

　これは，委任日を明らかにするためです。

◆◇委任者として，自分の住所氏名を印字したものにハンコを押すだけでも有効ですか？◇◆

　有効です。委任状に氏名を記す方法としては，
　署名：自分で名前を書くこと
　記名：パソコンなどで印字もしくは，氏名のゴム印を押す，他人の代筆など署名以外の方法
の2種類があります。
　商行為について定めた商法の第32条では，「この法律の規定により署名すべき場合には，記名押印をもって，署名に代えることができる」と規定されています。商法で規定している事項については，「サインの代わりに，記名＋押印で代用できますよ」ということですが，サインが重視される欧米とは異なり，日本ではハンコが重視されているため，署名だけで有効とはせず，署名と押印をするのが通例です。最近はお役所の書類でも，「サインをした場合には押印

は不要ですよ」としているところもありますが，委任状や契約書については，後日何かトラブルになった場合に備えるという意味でも，署名＋押印，もしくは記名＋押印を自分の目の前でしてもらってください。名前を書いてある人が，その書類の成立に関与したことをより明らかにできるので，署名してもらうほうがお勧めです。また印鑑も，認印よりもできれば実印のほうが，よりその人が間違いなく関与していること，書類が偽造ではないことを証明しやすいのでお勧めです。

豆知識
２段の推定～署名押印は慎重に！～

　裁判になった場合，書面がそこに記載ある人の意思に基づいて作成されたかどうか，偽造文章ではないかを判断するために使われるのが２段の推定です。たとえば，寅吉に対する委任状に花子の名前があるけれど，そんなものは書い

> （文書の成立）
> 民事訴訟法第228条　文書は，その成立が真正であることを証明しなければならない。
> 2，3　略
> 4　私文書は，本人又はその代理人の署名又は押印があるときは，真正に成立したものと推定する。
> 5　略

た覚えはない！　委任もしていないと争われた場合を考えましょう。
寅吉「花子から委任を受けました」
花子「いやいや，委任なんてした覚えはありません」
　この紛争の場合，花子から委任をされていると主張したい寅吉が，委任状は

真正に成立していることを立証する必要があります。真正な成立というのは，花子の意思に基づいて作成されたということですが，花子の意思に基づいているなんて，人の心の問題を他人が立証するのは容易ではありません。

そこで，民事訴訟法第228条第4項の規定で，「本人かその代理人の署名か押印があれば，その人の意思に基づいて作成したと推定しよう」と規定しています。本人か代理人の意思での署名か押印があれば，花子が委任したことに間違いないじゃないか，と寅吉は言えるのです。

しかし，署名はともかくとして（記名は含まれません。後日トラブルが起きたときに立証しやすくするためにも，書類へは署名してもらう方がよいということが，このことからもよくわかりますね），本人か代理人の意思に基づく押印かどうか，単なる押印ではないかは，人の内面の問題で外側からは見分けはつきません。そこで，判例で文章の作成名義人の印鑑での押印があれば，反証がない限りその人の意思に基づいて押印されたのだろうと事実上推定されるので，4項の規定により，その文章はその人の意思に基づいて作成されたものだろうと推定されることとなっています。

文章作成名義人の印鑑での押印
⇩
本人の意思に基づく押印であろうと事実上推定される
⇩
第228条4項により文章の成立の真正が推定される

記名ではなく，署名をしてもらうこと，押印をしてもらう重要性を感じていただけたでしょうか。なお，これはあくまでも推定なので，花子から，反証がされればくつがえりますが，それはなかなか大変です。

逆に，あまりよく読まずに署名押印すると，後でとんでもないことにもなりかねません。署名押印は，よく文章を読んでからしてください。たとえば，「絶対迷惑をかけないから」と友人に頼みこまれて，借用書の連帯保証人欄に署名

押印してしまうと，もしその友人が借金を返せないときは，代わりに返済することを請求されます。そのときに，「いや，そんなつもりで署名押印したのではない」と言っても通用しません。

Part 4
委任状のあれこれ

そないな事
委任した覚えないで！
…とならんよう
気ぃつけなはれや

1．委任状のココに注意

【誰に頼むのか？】

　何をお願いするのかによって，誰に頼むかが違います。戸籍を取得するなど，身内に頼む場合は自分が信頼できる人にお願いすればよいのですが，自分でする場合には専門知識が必要です。大変なので，依頼したい場合に悩むのが，〜士という専門家がたくさんいて，仕事の境界がわかりづらいことです。各専門家に何を相談できるのか，代表的なものをあげておきます。

【司法・法律，不動産関係】
①　弁　護　士

　法律に関する事件や紛争について，広範な代理権があります。大きく分けると民事事件（私人間，家族間，会社間，労使間のトラブル）と刑事事件（罪を犯した疑いのある人に関する事件）があります。

相談事例

- お金を友達に貸したけれど返してくれない
- 交通事故にあったが相手の対応に誠意がなく，金額も納得できないので，訴えたい
- 借金が多くて困っている
- 医療過誤について，医師との交渉を代理してほしい
- 雇い主が給料を払わないので，何とかしてほしい
- 離婚の交渉をしてほしい
- 親の相続でもめている。自分の代わりに相手と交渉や訴訟をしてほしい
- 窃盗の容疑で捕まったので，弁護してほしい

② 司法書士

　不動産の名義を相続や売買で変更したり，会社の登記手続をします。司法書士になった後にさらに試験に合格した人（認定司法書士）は，140万円以下の争いごとについて代理でき，簡易裁判所で依頼者の代わりに法廷に立ったり，裁判外で相手と交渉したりできますが，弁護士とは違い，140万以上の争いごと，家族間のトラブルについて代理することはできません。

> **相談事例**
>
> **司法書士の場合**
> ・親が亡くなったので，不動産の名義を変更したい
> ・遺言書を作成したい
> ・不動産の売買や贈与をしたい
> ・会社を設立したい
> ・大家が賃料増額を請求しているが不服なので，家賃を供託したい
> ・親が認知症なので，成年後見について相談したい
>
> **認定司法書士の場合**
> ・友達に30万円貸したけれど返してくれないので，代わりに交渉や訴訟をしてほしい
> ・借金の整理を手伝ってほしい
> ・悪徳商法にひっかかってしまったので相談にのってほしい

③ 行政書士

省庁，都道府県庁，市町村，警察署や保健所に提出する書類，権利義務や事実証明に関する書類の作成をします。

相談事例

- 古物商を始めたい
- 自動車の車庫証明を取りたい
- 外国人の就労について，入国管理局で認可を得てほしい
- 帰化申請の手続をしてほしい

④ 土地家屋調査士

土地建物の，物的状態に関する事項についての登記をします。不動産の登記簿には，表題部という，どこそこに何平米の宅地があります，どこそこに築何年の２階建ての建物があり各階の平米数は何平米です，という表示をする欄があります。この表題部を作成したり，内容を変更することに関するご相談・登記をします。

相談事例

- 建物を新築したので建物の登記をしたい
- 建物を増築したので，変更してほしい
- 土地を２筆に分けたい（分筆）
- 土地を売りたいが，登記簿の面積より現況の面積が大きいので，現況面積に訂正してほしい
- 隣地との境界（筆界）がはっきりしないので，境界立会いをして境界画定をしてほしい

・今まで駐車場だった土地に建物を建てたので，地目を宅地に変更してほしい

⑤ 測量士

測量をする人です。測量に関する計画を作成し，実施します。国や県，市町村の実施する入札を経て，川の深さ，道路の形状，橋高等を測る公共測量をしたり，基準点測量（すべての測量の基礎となる基準点を，公共基準点があるところから測量したい地域まで引っ張ってくる）をしたりします。

土地家屋調査士とは異なり，不動産の表示に関する登記をするための測量はできません。

> **相談事例**
>
> ・広い土地の開発を考えているので，現況の大きさ，形を測ってほしい
> ・相続対策のため，土地の実測面積を知りたい
> ・土地活用を検討するため，現況測量して建物や外壁の位置関係を図面にしてほしい

⑥ 不動産鑑定士

不動産の適正な価格を判定したり，不動産の利用，取引もしくは投資に関する相談をします。たとえば，公示価格算定のための鑑定，不動産が競売されたときに裁判所からの依頼での不動産の鑑定，公共用地取得時の鑑定，不動産売却時の価格の参考としての鑑定，株式会社に現金ではなく不動産を現物出資するときの鑑定，会社が合併するときの資産評価としての鑑定などをします。不動産の有効利用，開発計画などの総合的なアドバイスをします。

> **相談事例**
>
> ・相続の話し合いの中で，実家の価格をいくらと考えるかでもめている。適正な価格を教えてほしい
> ・ビルの家賃を貸し手，借り手とも納得できる額で決めたいので相談にのってほしい
> ・自宅を売るつもりだが，不動産屋に依頼する前に自宅の価値を知っておきたい

⑦ 弁理士

特許に関する仕事をする人です。発明やデザイン，ロゴ（実用新案権，意匠権，商標権）の登録をし，権利を守るお手伝いをします。企業に対して，特許戦略や研究開発に関するコンサルティングもします。

> **相談事例**
>
> ・素晴らしい発明をしたので特許登録をしたい
> ・独創的な形状の家電製品を作ったので，意匠登録して模倣されないようにしたい
> ・会社のロゴを他の人が勝手に使わないようにしたい

⑧ 法テラス

法的トラブルに関して，どこに相談してよいかわからない場合には，法テラスを窓口にされるのも1つの手です。法テラス（日本司法支援センター）は，国が設立した法的トラブル解決のための総合案内所です。

【会計・コンサルティング系】

① 公認会計士

監査および会計の専門家です。決算書をどのように作成したらよいかの相談に応じたり，会社の経営が適切になされているかの相談に応じたり，経営のチェックをしたりします。

相談事例

- 会社の監査をしてほしい
- 経営について相談にのってほしい
- 事業承継の相談にのってほしい
- 会社を上場する手伝いをしてほしい
- 会社の組織を効率的な形にするために相談にのってほしい
- 資金調達について相談にのってほしい
- 取引についてどのように会計処理をしたらよいか相談にのってほしい
- 取引についてどのようなスキームにしたらよいか相談にのってほしい

② 税理士

税務のプロです。税金に関する相談業務や，税務申告・税務手続きの代行をします。企業や個人に，納税の負担が減るようなコンサルティングなども行います。また，税務署との交渉も代行します。

相談事例

- 確定申告をしてほしい
- 資産を売却する際の税金について相談にのってほしい
- 相続や贈与について相談にのってほしい，それらの税金の申告書を作成してほしい

- 会社の経営相談，法人税や消費税などの申告書を作成してほしい，会計帳簿や財務諸表の作成など会計業務をしてほしい
- 税務署からの問い合わせや税務調査などに対応してほしい

③　社会保険労務士

　会社の労務管理や社会保険に関する相談・指導や申請書の作成をします。また，年金裁定手続きも代行します。

相談事例

- 就業規則の作成をしてほしい
- 賃金制度や人事制度の構築をしてほしい
- 給与計算をお願いしたい
- 労働者とのトラブルを裁判外で紛争解決したい（ＡＤＲ）
- メンタル不調者の扱いや，社員の懲戒処分をしたいので相談にのってほしい
- 社員の入退社や労災など社会保険の手続きをしてほしい
- 助成金の相談や申請代行をお願いしたい
- 老齢・障害・遺族等の年金手続きの相談にのってほしい

　ＡＤＲとは，裁判外紛争解決手続きです。法律トラブルについて，裁判をするのではなく，公平中立な立場の第三者を交えて話し合いにより解決を目指す手続きです。

　裁判というのは，どうしても後ろ向きです。あのときこうだった，ああだったからその損害賠償をしてください，といった感じでどちらかというと過去のことを清算する話になりがちです。そうではなく，たとえば，近隣の騒音問題や，身内の相続トラブル，労使トラブルなど過去の清算も重要ながら，今後も

よい関係を続けていきたい種類の紛争もあります。その場合は、ADRを使って、過去のトラブルは実は互いにどういういきさつがあって、そのようなことになったのか、そしてこれからは互いに納得できる解決策としてどうしたらよいかを、第三者を交えて前向きに話し合い、裁判のように勝った負けたで押し付けられた解決案ではなく、当事者が自分たちで作り上げた解決策で合意するのがよりよい方法かもしれません。

当事者だけで話し合いをすると泥沼になりがちですが、第三者の専門家を関与させることで、別の話し合いができる可能性もあります。社会保険労務士が労使関係、弁護士、司法書士が法律トラブル全般、土地家屋調査士が土地の境界紛争を扱っています。法務大臣による裁判外紛争解決手続きをする機関として認証を得た民間事業者は「かいけつサポート」の愛称とロゴマークの使用が認められています。留学や事業再生、医療関係、スポーツ関係等に特化した民間事業者もあります。

（参考）http：//www.moj.go.jp/KANBOU/ADR/index.html

④ ファイナンシャル・プランニング技能士

貯蓄や投資、保険等のプランの立案、相談をする人です。当初は民間の資格でしたが、2002年に国家資格になりました。ファイナンシャルプランナーとも呼ばれていますが、その中には、前身の民間の資格の時代の方も含まれます。国家資格に合格した人は、ファイナンシャル・プランニング技能士と名乗ることができます。

> **相談事例**
>
> ・どの保険が必要か分からないので相談にのってほしい
> ・安心な老後をくらすためのライフプランの相談にのってほしい
> ・貯蓄を増やすために投資を考えているが、何を選んだらよいのかわからない

⑤　中小企業診断士

　中小企業の経営についての診断・アドバイスをする人です。現状分析を踏まえたうえで，企業の成長戦略のアドバイスをし，経営計画を立て，経営環境の変化に応じての支援をしたりします。

◆◇委任する人との間で意思疎通ができているか◇◆

　「昨日，大きな魚を釣ったよ」と言われたらどんな魚を想像しますか？　釣りをしたことがある人なら，20センチくらいのハマチを，釣りをしたことがない人なら，お寿司屋さんの生け簀で見た30センチ以上はありそうな鯛を，マグロ漁師さんなら100キロを超すマグロを想像するかもしれません。大きな魚，と一見具体的に思える言葉も，それを聞いた人の経験，価値観によってイメージしているものが違う可能性があります。

【大きな魚】

　誰かに何かをお願いする場面で，このような認識のズレがあっては，後々問題になりかねません。打ち合わせをするときは，大きな魚という範囲の広いものではなく，20センチ以上25センチ以下のアイナメ，と特定するようにして，互いの認識のズレをできるだけ小さくするようにしましょう。相手が専門家の場合，気おくれしてしまうという方もいらっしゃるかもしれませんが，仕事を依頼する，引き受けるという対等な立場ですので，自分が納得いくまで説明を

求めてください。

　委任した内容を委任状の文章を書く場合は，当事者以外の人が読んでもどんな内容を委任したのかイメージでき，そのイメージが当事者のそれとほぼ重なる内容となるように書くようにしてください。

◆◇委任した結果どうなるのかを考える◇◆

　花子が寅吉に不動産売買手続きを依頼した場合，寅吉が手続きを代理したとしても，最終的には花子と売主の間で売買契約が成立します。他人の寅吉がしたことが，自分がしたことと同様の効果をもたらしますので，「あれ？　そんなこと頼んでないよ」「え？　あれはもうキャンセルのつもりだったのに」などということにはならないようにしましょう。

◆◇委任状は音読しよう◇◆

　何を自分が委任するのか，どんな権限を与えているかが委任状には書かれているので，その内容をよく読みましょう。目で追っているだけでは，頭に入っているようで入っていないので，大切なことを委任する場合には，委任状を音読することをお勧めいたします。

◆◇コピーを取っておこう◇◆

　委任状は，次の見本のように，委任する人（花沢花子）が，委任される人（虎山寅吉）に差し入れる形式がほとんどなので，委任をした花子の手元には自分が押印した委任状が残りません。

　何を依頼したかきちんと把握するため，また後日委任した，委任されてないと争うことがないとも限りませんので，紛争の予防という意味でも，委任状のコピーを手元に残しておくことをお勧めします。あってはならないことですが，もし何か問題になったときに，受任者が委任状を書き換えたとしたら，それを証明する証拠にもなります。また何より，何を誰に委任したのかを自分でも把

握しておくため，という意味もあります。

委 任 状

神奈川県川崎市砂子1丁目2番地3
虎山寅吉
私は，上記の者を代理人と定め，下記の権限を委任します。

記
以下省略

◆◇委任事項を追加されないようにしよう◇◆

委任事項の後に『以上』と記載して，それ以上委任事項を後日追加されないようにして，自分が想定していない事項を委任したことにならないようにしましょう。

2．ちょっと怖い委任状のお話

◆◇白紙委任状にはサインしてはいけません◇◆

白紙委任状というのは，代理人名，相手方，委任する内容が全く（もしくは一部しか）記載されていない委任状のことです。これを差し入れると，委任された相手は，好きなように委任事項を記入し悪用できてしまうので，自分に不本意なことを代理されてしまう可能性が生じるリスクを負います。どんなに信頼できる人が相手でも，交付してはいけません。

Part 4　委任状のあれこれ

委　任　状

私は，上記の者を代理人と定め，下記の権限を委任します。

平成　年　月　日

東京都港区南麻布8丁目7番30号
花沢花子　㊞

　たくさんのいろいろな書類に署名押印するときに，「次はここに，この書類はここに」と言われるとおりに署名押印しているとうっかり，白紙委任状を書いてしまった，借金をするときに立場が弱くて，どうしても差し入れざるを得なかったという話も聞いたことがありますが，署名押印するということは，重要な意味を持ちますので（112ページの「2段の推定」をもう一度思い出してください），面倒でもきちんと一読し，納得してから署名押印するよう，習慣づけてください。

◆◇勝手に代理人と名乗られた（無権代理）◇◆

Q．寅吉が勝手に花子の代理人と名乗って，花子の不動産を売る契約をレオとして，売買代金を受領して逃亡しました。レオは，花子に不動産を引き渡せと言ってきています。花子はレオに不動産を引き渡さなくてはならないでしょうか？

私は花子の代理人です。
花子の土地を買いませんか？

寅吉　　→　　レオ

買います！

A．原則として，引き渡す必要はありません。

> （無権代理）
> 民法第113条　代理権を有しない者が他人の代理人としてした契約は，本人がその追認をしなければ，本人に対してその効力を生じない。
> 2　追認又はその拒絶は，相手方に対してしなければ，その相手方に対抗することができない。ただし，相手方がその事実を知ったときは，この限りでない。

　寅吉には花子を代理する権限がないので，その契約は無効ですが，もし花子が「えっ，その条件ならレオに土地を売ってもいいね」と契約を追認した場合には，契約当時から有効だったことになります。追認もしくは追認の拒絶は，花子がレオに対してする必要があります。ただし，レオが花子が追認したこと，もしくは追認を拒絶していることを，寅吉経由なりなんなりで知った場合はそのようにしなくてもよい，と条文ではなっていますが，追認を拒絶する場合は，後々のトラブルを防ぐためにも，花子はレオに内容証明郵便を出すなどのしっかりした方法で拒絶したほうがよいでしょう。

　レオとしては花子が追認するか，追認を拒絶するまで，不動産を買えるのかどうかわからず，非常に迷惑ですね。レオがとりうる手段は2つあります。

> （無権代理の相手方の催告権）
> 民法第114条　前条の場合において，相手方は，本人に対し，相当の期間を定めて，その期間内に追認をするかどうかを確答すべき旨の催告をすることができる。この場合において，本人がその期間内に確答をしないときは，追認を拒絶したものとみなす。

レオは花子に，たとえば，「2週間以内に寅吉のした，あなたが所有する不動産売買契約を追認するかどうか連絡してください」というかたちで催促できます。1か月以内に何の返答もなければ，花子が追認を拒絶したものとみなされます。

> （無権代理の相手方の取消権）
> 民法第115条　代理権を有しない者がした契約は，本人が追認をしない間は，相手方が取り消すことができる。ただし，契約の時において代理権を有しないことを相手方が知っていたときは，この限りでない。

「いやいや，もうそんなのんびり待っていられないし，他の物件探すよ」と考えた場合は，レオは，花子が売買契約を追認しない間は，売買契約を取り消すことができます。もし，レオが最初から寅吉に代理権がないことを知っていた場合は，取り消すことができず，花子の追認もしくは追認拒絶を待つか，追認するかどうか催告するしかありません。

◆◇無権代理人の責任◇◆

レオは，きちんとした取引がしたかったのに，寅吉のせいで大変なことに巻き込まれてしまいました。寅吉に，何か責任を取らせることはできるでしょうか？

> （無権代理人の責任）
> 民法第117条　他人の代理人として契約をした者は，自己の代理権を証明することができず，かつ，本人の追認を得ることができなかったときは，相手方の選択に従い，相手方に対して履行又は損害賠償の責任を負う。
> 2　前項の規定は，他人の代理人として契約をした者が代理権を有しないことを相手方が知っていたとき，若しくは過失によって知らなかったと

> き，又は他人の代理人として契約をした者が行為能力を有しなかったときは，適用しない。

　寅吉は，自分に代理権があることを証明できず，花子が代理行為を追認しない場合には，レオの選択に従って，契約どおりのことをするか，履行があった場合と同じ利益を損害賠償をしなくてはなりません。もし，レオが寅吉と契約したとおりに花子の不動産を購入できていた場合に，他の人に転売して得られたであろう利益も損害賠償の額に含まれます。今回のケースでは，契約どおりのことをするよう寅吉に請求しても，不動産は花子のもので寅吉の自由にはできませんから，損害賠償（お金）で解決することになるでしょう。

◆◇えー！？代理人じゃなかったの？（表見代理）◇◆

> Q．花子は北海道の不動産を売る手続きを寅吉に委任するつもりで，実印を預けました。寅吉が，花子の実印があるのをよいことに，花子の神戸の不動産をレオに売却して，売買代金を受領して逃亡しました。レオは，花子に不動産を引き渡せと言ってきています。花子はレオに不動産を引き渡さなくてはならないでしょうか？

　A．原則として，その契約は有効なので，花子は不動産を引き渡さなくてはなりません。ただし，レオが，神戸の土地について寅吉が花子の代理人ではないことを知っていた場合や，過失によりそれを知らなかった場合は，契約は無効ですので，花子は不動産を引き渡す必要はありません。

　代理権がない場合には，無権代理となり，本人が追認しなければ無効となります。では，もし寅吉に自分の実印を預けていた場合はどうでしょう？　実

印は大切なものなので，レオからみて寅吉には代理権があるように見える場合は，それを信じて取引をしたレオを保護するため，「有効な代理権があったものとしましょう，そして為された契約も有効にしましょう」と民法で定められています。これを表見代理といいます。レオは無条件に保護されるわけではなく，一定の事情がある場合に限られます。

どんなときに花子は責任をとることになるのでしょう？　それには3パターンあり，この事例は，代理権授与表示による表見代理の例です。

> （代理権授与の表示による表見代理）
> 民法第109条　第三者に対して他人に代理権を与えた旨を表示した者は，その代理権の範囲内においてその他人が第三者との間でした行為について，その責任を負う。ただし，第三者が，その他人が代理権を与えられていないことを知り，又は過失によって知らなかったときは，この限りでない。

たとえば，実際には代理権を与えてないのに，花子がレオに，「寅吉に不動産売買任せているのよ」と言ったり，その趣旨の書面を見せたりした場合に，それをレオが信じて寅吉と花子の不動産の売買をしたときは，「それは有効に成立しますよ」ということです。

花子が複数の不動産を持っていて，そのうちの北海道の不動産を売る手続きを寅吉に委任するつもりで，白紙委任状を渡したとします。寅吉が，白紙委任状があるのをいいことに，花子の神戸の不動産を売却した場合，委任状があることが代理権を与えた旨を表示したことになると考えられるので，この表見代理の成立が問題となります。もし表見代理の成立が認められると，花子は寅吉が契約した内容で，神戸の不動産を売却しなくてはなりません。

Q. 寅吉の経営する(株)トラの社員寮を賃貸する際に，花子が保証人になることになりました。花子を代理して寅吉がその賃貸手続きをするため，花子は実印を寅吉に預けました。

(株)トラは実は経営状態が思わしくなく，取引先から取引上の債務について保証を求められたので，寅吉は花子の実印を預かっているのをいいことに，花子に無断で取引債務の保証契約書の連帯保証人欄に花子の名前を勝手に記入して実印を押印し，かつ実印を使って取得した印鑑証明書を添えて取引先に提出しました。

1年後，(株)トラは倒産しました。取引先は花子に(株)トラの借金4,000万円を請求してきました。花子はこれを払わなくてはならないでしょうか？

A. 払う必要はありません。

寅吉は，社員寮の賃貸について花子が保証人になる件では，花子から委任されて代理人となっています。しかし，取引債務の保証人となる件については，花子は寅吉に代理権を与えていません。それなのに，寅吉が権限を越えて代理をした場合，取引先と花子のどちらが保護されるか，という問題です。

なお，花子から寅吉への委任状の交付がなくても，花子が「手続き任せたよ」と言い，寅吉が「はいよ」と言えば，委任関係は成立します。

寅吉は，与えられた代理権の権限外の行為をしていますので，本来は無権代理なので花子は追認を拒絶できます。ところが，民法110条で，取引先が寅吉は花子の代理人だと信ずべき正当な理由があれば，「契約は成立し，花子は(株)トラの借金を支払わなければなりませんよ」とされています。代理権があるように見える場合に，本人が責任を負わなくてはならない表見代理の2つ目のパターンです。

> （権限外の行為の表見代理）
> 民法第110条　前条本文の規定は，代理人がその権限外の行為をした場合において，第三者が代理人の権限があると信ずべき正当な理由があるときについて準用する。

　判例では，元々代理権があったかどうかについては緩やかに解されていて，代理権があると信じたことに正当な理由があったかどうかが表見代理が成立するかどうかの鍵になっています。もし，取引先が寅吉にそんな代理権はないことを知っていたり，取引上通常の注意を払えば知りえたりした場合には，正当な理由なしとして保護されません。正当な理由があったかどうかは，諸般の事情を考慮して，ケースバイケースで判断されます。たとえば，寅吉が代理して取引するために必要な，花子の委任状や実印などを持っていたかどうか，寅吉と花子の関係（夫婦，親子，親戚）はどうか，どんな取引だったのかなどが考慮されます。

　判例の傾向としては，「代理権を持っていそうだな」という事実があれば，正当理由ありとされやすいです。特に，実印や印鑑証明書を代理人が持っていて使用している場合は，特段の事情がない限り，原則として正当理由があるとされます。日本においては，取引で実印が重視されていますので，みだりな相手には渡さないからです。

　この事例でも，実印と印鑑証明書を寅吉が持っていたので，取引先が寅吉に花子を代理する権限があると信じても，「まぁしょうがないよね，花子さん借金払ってね」という判断が高裁ではされました。しかし，最高裁では，「原則として，花子の実印や印鑑証明書を寅吉が所持，使用していたので，寅吉には，花子を代理する権限があると信じたことに正当な理由があります。しかし，取引先が保護され，連帯保証契約は有効になるけれど，このケースでは，寅吉が権限もないのに花子を代理していた連帯保証契約が有効となると，花子にきわめて重大な負担を負わせるものになります。また，寅吉自身が利益を受けるも

133

のなので，取引先としては，花子本人に保証意思の確認をするなどの調査をすべきところ，それをせずにたやすく寅吉に代理権があると信じたのは，うかつでしたので，寅吉に代理権があると信じたことに正当な理由があるとは言えないですよ。だからその連帯保証契約は成立しておらず，花子に義務はありません」とされました（最高裁昭和51年６月25日第二小法廷判決）。

　つぎようなときは，本当に代理権あるのかどうかを疑い，きちんと本人に意思を確認するなどの調査をする必要があります。
　・本人にきわめて重大な負担を負わせる代理行為のとき
　・代理行為によって，代理人自身が利益を受けるとき
　・元々の代理権の範囲を大きく逸脱する代理行為のとき
　・その他代理権の存在を疑わせる事実があること
　よく判例に出てくるのが，寅吉が花子を代理して，寅吉の借金のための保証契約や抵当権設定契約をする場合です。寅吉にメリットはありますが，花子には負担にしかなりません。後日これらの契約が問題になり花子が，「保証した覚えなどない」「抵当権設定契約など委任してない」と争う裁判です。このようなケースでは，寅吉が自分に利するために悪用していると思われる可能性が高く，正当理由を否定されていることが多いようです。また，個人ではなく金融機関がお金を貸す場合には，花子に問い合わせをするなどで，意思を確認すべきで，それをせずに，寅吉の言うままに契約するのは，過失があり，正当理由はなく表見代理は成立しないとされています。代理人に都合のよすぎる代理権は調査が必要です。そのまま信じて取引すると，後で大変なことになりますので，気をつけましょう。

Part 4　委任状のあれこれ

Q．花子と寅吉は夫婦です。寅吉は，花子に無断で実印を持ち出し，花子の不動産をレオに売る契約をしました。レオは，花子に不動産を引き渡せと言ってきています。花子はレオに不動産を引き渡さなくてはならないでしょうか？

A．引き渡す必要はありません。花子と寅吉が夫婦の場合は，割合簡単に寅吉は花子の印鑑や権利証などを持ち出すことができますので，レオは寅吉が花子の実印を預かっているからといって，代理権ありと考えて取引をするのは軽率で，正当理由ありとは言い難いと判断され表見代理が成立しない（＝契約が有効にはならない）ケースが多いです。

コラム　夫婦間の代理権

夫婦間には，法定代理権として日常家事代理権が認められています。

（日常の家事に関する債務の連帯責任）
民法第761条　夫婦の一方が日常の家事に関して第三者と法律行為をしたときは，他の一方は，これによって生じた債務について，連帯してその責任を負う。ただし，第三者に対し責任を負わない旨を予告した場合は，この限りでない。

たとえば，妻が，一緒に暮らすアパートの契約をしたり，洗濯機を買うために必要な借金をした場合は，家賃の支払いや借金の支払いについて，夫も連帯して支払う義務が生じます。なぜそのようなことになるかというと，夫婦は相互に日常家事について，他方を代理する権限があると解されているからです。夫婦が共同生活をするためのものですから，一方が勝手に購入したものだからといって，他方が支払いを拒むことはできません。

衣料品や，食品の代金，保険の掛け金，教育費などは日常家事債務に含まれますが，夫が妻に内緒で，妻所有の不動産を売却したようなケースでは，日常家事債務ではないとされていますし，高価な宝石，高額な飲食費等も日常家事債務か否か問題になります。どこまでが日常の家事なのかは，その夫婦の社会的な地位，収入，資産，暮らしている地域の慣習によっても異なります。

判例は，この夫婦間の日常家事についての代理権を元にして，「広く権限外行為の表見代理の成立を認めてはだめですよ」としています。取引の相手が，日常家事の範囲内だと信じるに足る正当な理由があるときに限って，110条の類推適用を認めています。

Q. 花子は，寅吉にレオとの不動産売買の手続きを委任しましたが，時間ができたので，委任契約を解除し，自分ですることにしました。ところが，寅吉は代理権が消滅にしているにもかかわらず，レオに花子の不動産を売却しました。レオは，花子に不動産を引き渡せと言ってきています。花子はレオに不動産を引き渡さなくてはならないでしょうか？

A. レオが寅吉の代理権が，レオとの契約時にはすでに消滅していることを知らなかった場合には，寅吉がした契約が有効になり，花子は不動産を引き渡さなくてはなりません。ただし，レオが，寅吉には花子を代理する権限がないことを知っていたか，過失により知らなかった場合には，契約は無効ですので，花子は不動産を引き渡す必要はありません。代理権があるように見える場合に，本人が責任を負わなくてはならない表見代理の3つ目のパターンです。

> （代理権消滅後の表見代理）
> 民法第112条　代理権の消滅は，善意の第三者に対抗することができない。ただし，第三者が過失によってその事実を知らなかったときは，この限りでない。

　レオとしては，花子からの通知などがない限り，今まで交渉していた寅吉に代理権が無くなったことなど知りようがなく，今も代理権があるのだろうと思い契約するのが普通であるから，「レオが代理権消滅を知らず，知らなかったことに過失がない場合は（善意，無過失）レオを保護して，契約は有効に成立することにしましょう」とされています。

　表見代理は，上記3つのタイプがありますが，表見代理はあくまでも無権代理の一種なので，表見代理が成立するとき，つまり契約が有効になる場合であっても，無権代理に関する規定が適用されるので，本人が追認することができ（追認拒絶することはできません），取引の相手方は本人が追認するまでの間は取消をすることもできます。

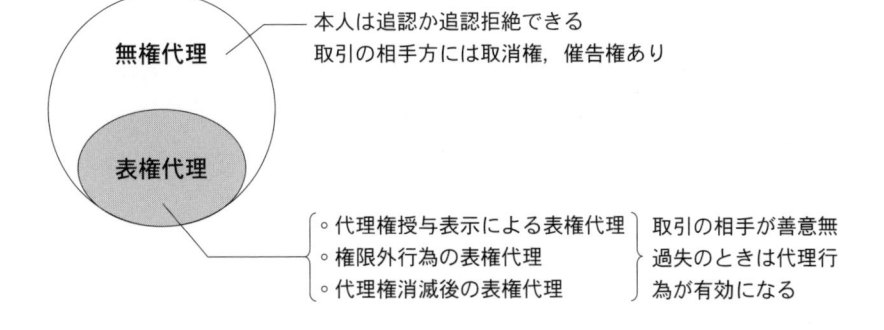

無権代理 ── 本人は追認か追認拒絶できる
　　　　　　　取引の相手方には取消権，催告権あり

表権代理 ┐
　○代理権授与表示による表権代理　　　　取引の相手が善意無
　○権限外行為の表権代理　　　　　　　　過失のときは代理行
　○代理権消滅後の表権代理　　　　　　　為が有効になる

Part 5
困ったときの相談窓口

相談窓口は

こちらです

1．トラブル時の相談窓口

　便利な代理制度ですが，委任した人が勝手な行為をしたり，また取引の相手が実は代理権がなかったりとトラブルになるときもあります．その他，116～124ページで触れた専門家に相談したいけれど，知り合いがいない場合や，日常生活で困ったなと感じたときにどこに相談すればよいかは，下記のとおりです．各士業団体が主催で無料相談会をしていたり（これについてはどこでやっているのか士業団体に問い合わせるか，ＨＰをみればわかります），役所等で無料相談会も行っていたりしますので（区報などに「税理士の無料相談」のように掲載されています），敷居が高いなと感じる場合などには，まずはこれらを利用するのも1つの手です．

　つぎに掲載しているのは，一番大本の組織の連絡先です．たとえば，司法書士を紹介して欲しいという場合には，日本司法書士会連合会に連絡をすると，神奈川にお住まいの方でしたら，横浜司法書士会を紹介されます．横浜司法書士会に連絡すると，ご希望の地域の司法書士を紹介してもらえます（場合によってはさらに小さな地区単位の支部事務所を紹介されることもあります）．
　インターネットを利用される方でしたら，自分のお住まいの地域の司法書士会の連絡先を探して連絡するほうが，手間が省けます．

- 日本弁護士連合会

  TEL 03-3580-9841

  URL http://www.nichibenren.or.jp/

  「相談窓口のご案内」から地域ごとの相談センターの番号を調べられます。

- 日本司法書士会連合会

  TEL 03-3359-4171

  URL http://www.shiho-shoshi.or.jp/

  「相談窓口」から地域ごとの相談センターの番号を調べられます。

- 法テラス

  TEL 0570-078374

  URL http://www.houterasu.or.jp/

- 日本公認会計士協会

  URL http://www.hp.jicpa.or.jp/

- 日本税理士会連合会

  URL http://www.nichizeiren.or.jp/

- 国民生活センター

  URL http://www.kokusen.go.jp/

- 行政書士会

  URL http://www.gyosei.or.jp/

・日本公証人連合会

　URL http：//www.koshonin.gr.jp/index2.html

・裁判所

　URL http：//www.courts.go.jp/

【執筆者紹介】

藤田 真弓 Mayumi Fujita
司法書士，春風事務所所長
「お話を十分伺うこと」を大切にして，不動産・会社の登記，相続，成年後見，債務整理，身近な暮らしの法律トラブルを解決するお手伝いをしています。
簡易訴訟代理関係業務認定司法書士

花沢 花子 Hanako Hanazawa
春風事務所看板猫。アメリカンショートヘアー。6歳のときに家を失うも，里親となった著者宅をあっという間に制圧し，ボスとして君臨しています。貫禄ある外観にそぐわず，大人しく一緒に暮らしやすい猫です。日々の様子は，著者のブログ「熟女猫の毛深い手のうえで」(http://ameblo.jp/haru-ka-ze/) をご覧ください。

著者との契約により検印省略

平成25年7月15日　初版第1刷発行

知っておきたい委任状 A to Z

著　　者	藤　田　真　弓
発 行 者	大　坪　嘉　春
製 版 所	株式会社ムサシプロセス
印 刷 所	税経印刷株式会社
製 本 所	株式会社　三森製本所

発行所　東京都新宿区下落合2丁目5番13号　株式会社 税務経理協会

郵便番号　161-0033　振替 00190-2-187408　電話 (03) 3953-3301 (編集部)
　　　　　　　　　　FAX (03) 3565-3391　　　(03) 3953-3325 (営業部)
URL http://www.zeikei.co.jp/
乱丁・落丁の場合はお取替えいたします。

© 藤田真弓 2013　　　　　　　　　　　　　　Printed in Japan

本書を無断で複写複製（コピー）することは，著作権法上の例外を除き，禁じられています。本書をコピーされる場合は，事前に日本複製権センター（JRRC）の許諾を受けてください。
JRRC (http://www.jrrc.or.jp eメール:info@jrrc.or.jp　電話:03-3401-2382)

ISBN978-4-419-05930-9　C3032